Engelmann G. Gumprecht

Briefe über das Radeberger Bad

Engelmann G. Gumprecht

Briefe über das Radeberger Bad

ISBN/EAN: 9783744721622

Hergestellt in Europa, USA, Kanada, Australien, Japan

Cover: Foto ©ninafisch / pixelio.de

Weitere Bücher finden Sie auf **www.hansebooks.com**

Briefe

über das

Radeberger Bad

enthaltend:

die Beschreibung der Gebäude, des Bades Entstehung, Bestandtheile, Kräfte, Wirkung, Gebrauch, Oekonomie, Promenaden, Vergnügungen und

e

Mit einem Kupfer.

Dresden,
gedruckt bey Carl Christian Meinhold.
1790.

Vorerinnerung.

Da ich seit einigen Jahren Gelegenheit gehabt habe, das Radeberger Bad, ohne eben Badegast zu seyn, öfters zu besuchen; so war es ganz natürlich, daß meine Wißbegierde, die vorzüglich bey Dingen, die Menschenwohl befördern, am lebhaftesten ist, gereizt wurde, sich genau über die Entstehung, innere Einrichtung, Kräfte, Bestandtheile, Wirkung,

Gebrauch, Oekonomie, Promenaden u. f. w. dieses Bades zu unterrichten. Ich beobachtete zu dem Ende nicht nur selbst, sondern bat auch besonders in Hinsicht des physischen und medicinischen Nutzens der Quelle, Männer von entschiedenen Kenntnissen, um ihre gefällige Unterstützung. Ich war so glücklich die besten Beyträge zu erhalten, und wurde hierdurch im Stand gesetzet, diese Quelle auch aus dem wahren Gesichtspunkte ihrer Heilkraft zu betrachten. Zuweilen, ich kann es nicht läugnen, kam mir wohl der Gedanke ein, das über dieses Bad Gesammelte zu ordnen, und drucken

cken zu laßen; es würde aber gewiß nicht geschehen seyn, wenn nicht ein Freund von mir, der meine gegenwärtige Situation nicht kannte, im Monat July dieses Jahres in dem Leipziger Intelligenzblatte No. 29 angefragt hätte?

ob noch keine medicinische Nachricht von dem Bade zu Radeberg, zwey Meilen von Dresden gelegenen, herausgekommen? — es wäre bereits seit langen Zeiten mit vielem Nutzen von einer großen Anzahl von Menschen gebraucht worden, und verdiente daher um so mehr eine vollständige Beschreibung.

Diese

Diese Anfrage also ist die einzige Ursa=
che der Entstehung gegenwärtiger Briefe, denn
ich kannte meinen Freund zu gut, als daß ich
hätte glauben können, die wenigen Nachrichten
die über das Rabeberger Bad vorhanden sind,
würden ihn befriedigen.

Dem Leser Rechenschaft von der Entste=
hung dieser Briefe zu geben, scheint mir aber
deshalb nöthig, weil man mir sonst, was weiß
ich, für eine Veranlaßung andichten, und
den Druck derselben von einer ganz falschen
Seite beurtheilen dürfte.

Sollte

Sollte ich in Rücksicht der Schreibart hier und da Tadel verdienen? so bitte ich zu bedenken, daß es mir bey Aufsetzung dieser Briefe einzig und allein um Wahrheit und Gemeinnützigkeit, keinesweges aber um den Ruhm, ein schöner Modeschriftsteller zu heißen, zu thun war; nur diese Gerechtigkeit laße man mir wiederfahren, daß ich ein Menschenfreund bin, der durch die nähere Bekanntmachung des unleugbaren großen Nutzens, einer so wohlthätigen Quelle, der leidenden Menschheit einen Dienst zu erweisen gesucht hat, und ich bin für die, auf diese kleine Arbeit verwendete Zeit,

voll-

vollkomnten entschädiget. Geschrieben in Dresden zu Ende des Monats November 1789.

Der Verfaßer.

Erster

Erster Brief.
Einleitung.

Dresden am 3 August 1789.

Liebster Freund!

Es gereicht Ihnen eben nicht zur Ehre, daß Sie Ihren alten Freund so vergeßen haben; denn hätten Sie dieses nicht, so wüßten Sie gewiß, daß ich Ihnen über das Radeberger Bad die beste Auskunft geben könnte, und würden weder im Leipziger Intelligenzblatte, ob keine medicinische Nachricht von dem Bade zu Radeberg herausgekommen? rc. angefraget haben, noch durch fremde Personen Nachricht einziehen laßen. Doch, es sey Ihnen verziehen; Sie wußten gewiß nicht, daß ich mich im Stande befinde Ihrer Neugierde Gnüge zu leisten, oder Sie wollten mir vielleicht aus allzugroßer Delikateße mit Anfragen nicht beschwerlich fallen. Zur Strafe sollen Sie aber nunmehro so

A viel

viel über das Radeberger Bad zu lesen bekommen, daß sie gewiß in Verlegenheit gesetzt werden, mich für die Mühe, die ich entschloßen bin Ihrentwegen anzuwenden, zu entschädigen. Ich könnte mit zwar diese Arbeit größtentheils ersparen, und Ihnen die Durchlesung der, im Gerlachischen Verlage 1778. herausgekommenen, Nachricht von dem bey Radeberg befindlichen mineralischen Waßer und deßen Gebrauche, empfehlen, welches ohnstreitig wohl das Beste ist, was man über dieses Bad geschrieben hat; ich würde dieses auch gewiß thun, wenn ich nicht voraussähe, daß Ihre Wünsche hierdurch nicht halb befriedigt würden. Ein Arzt bin ich aber nicht, wie Sie wissen; und wenn ich sagte, daß ich Ihnen über dieses Bad die beste Auskunft geben könnte, so meinte ich mehr die Beschreibung seiner Lage, die Art, wie man da lebt, und sich zerstreuen kann, die Quartiere — die Preiße derselben, die Bewirthung ıc. als eine tiefe physikalische Untersuchung der Bestandtheile des Waßers, und seinen Wirkungen. Indessen sollen Sie auch hier hinlängliche Auskunft haben. Uiber diesem Punkt habe ich sachkundige und einsichtsvolle Männer schon längst zu Rathe gezogen, und die-

ser

ßer Männer, mir über das Physikalische und Medicinische dieses Bades mitgetheilten Beyträge, setzen mich in den Stand, Sie Ihnen im Voraus zu versichern, daß ich durchgängig möglichste Gründlichkeit und Genauigkeit beobachten kann. Ich werde mich auch gründlich zu seyn um so mehr befleißigen, da mir einige meiner Freunde, nach Prüfung des Plans, den ich mir vorgezeichnet, gerathen haben, die Briefe, welche in Begrif bin Ihnen zu schreiben, der Preße zu übergeben, und gemeinnütziger zu machen. Ich hatte diese Idee schon längst, weil es schlechterdings wider meinen Karakter ist, wenn ich von Sachen, deren großer Nutzen allgemein anerkannt werden sollte, zweydeutige Urtheile fällen höre; und ich bin Ihnen noch Dank schuldig: daß Sie mich durch Ihre Aufforderung stillschweigend veranlaßten sie auszuführen. In wie ferne ich meinen Zweck erreiche, mögen Sie und das Publicum entscheiden. Mir wird es eine sehr schmeichelhafte Belohnung seyn, wenn ich vielleicht durch diese kleine Arbeit denen, die den Vorsatz haben, sich dieses Bades zu bedienen nützlich werde und die fernen Kranken, welche dessen Vortheil und übrige Einrichtung nicht

A 2 ganz

ganz kennen, aufmuntere, dieses vortrefliche Bad zu besuchen.

Mein nächster Brief wird Ihnen, meinem Plan zu Folge, die Lage des Bades, und deßen Gebäude kennen lernen. Heute nichts weiter als daß ich mit wahrer Freundschaft bin ꝛc.

Zweiter Brief.
Lage des Bades und Beschreibnng der Gebäude.

Dresden, den 8 August 1789.

Mein Guter!

Kommen Sie, Freund! wir wollen unsre Reise von Dresden aus, nach dem Radeberger Bade antreten. Wollen Sie zu Wagen, zu Pferde, oder zu Fuße? Mit einer leichten Chaise brauchen wir, bey Bequemlichkeit, 2 gute Stunden; zu Pferde können wir den Weg in 1 und $\frac{3}{4}$ Stunden, und zu Fuße in 2$\frac{1}{4}$ Stunde machen, wenn wir den kürzesten Weg auf der Königsbrücker Straße

Straße nehmen. Wäre dieser Weg von Dresden aus nicht äußerst sandig, so könnte man noch schneller fortkommen. Bis an das Dorf Langebrück ist freylich keine große Abwechselung der Gegenstände, denn wir reisen durch lauter Schwarzwald. Von Langebrück schon, und nachher bis zum Bade selbst ist die Gegend vortreflich. Das erste, was gleich in die Augen fällt, ist das nur vor einigen Jahren auf churfürstl. Kosten errichtete neue Jagdhauß, welches von einem Hofjäger bewohnt wird, und wohin vom Monat September an, bis zum Monat May, der Churfürst wöchentlich ein - bis zweymal auf die Schweinsjagd fährt. In dieser Gegend werden die wilden Schweine vorzüglich geheget, daher man im Sommer bey Nachtreisen auf dem Wege von Dresden bis Langebrück, eine ewig gellende Musik von Hörnern, deren sich die Wildhüter bedienen, und das Accompagnement des grunzenden Ebers hört.

Wenn Sie im Monat July (ohnstreitig der beste Monat zum Baden) reisen, und das Dorf Langebrück im Rücken haben, so weilt gewiß ihr trunkener Blick auf den Gefilden, die durch das in dieser Gegend häufig erzeugte, und in diesem Monat blühende Heydekorn, deßen Farbe mit dem grünen Korne und übrigen Getreidefrucht, so vortreflich contrastiret, einen Teppich erhalten, der alle indianische und persische Stickerey übertrift. Der Fahrweg ist von da aus vollkommen schön bis zum Bade. Ehe Sie aber das Bad erreichen, treffen Sie auf das Dorf Liegau, oder vielmehr das Dorf bleibt rechter Hand liegen, und Sie reisen ganz nahe an dem Rittergute vorbey. Hier rathe ich Ihnen, wenn Sie zu Wagen sind, abzusteigen, und den Weg von hier bis ins Bad durch eine Wiese, und den Steg, über den sich angenehm am Walde hinschlängelnden Fluß, die Räder genannt, zu Fuße zu machen. Sie können nicht irre gehen, denn es zeichnet sich der Steig, der nach dem Bade führt, sehr aus. Wie schön die Gegend und der Weg ist, der Sie dem Bade näher bringt, sollen Sie in einem meiner folgenden Briefe erfahren, worinne ich mir vorgenommen habe, Sie mit den Promenaden des Bades überhaupt bekannt zu machen. Jetzt begnügen Sie Sich, daß ich Ihnen ein so guter Wegweiser bin. Das Bad selbst, wo Sie nunmehro angekommen

kommen sind, liegt in dem sogenannten Tannen=
grunde, eine halbe Stunde von der Stadt Rade=
berg. Liegau und Lotzdorf sind die nächsten Dör=
fer, und jedes nur eine Viertelstunde davon ent=
fernt. Das in dem Dorfe Liegau, bey welchem
Sie vorbey gereißt sind, schöngebauete Rittergut
hat jetzt zu seinem Besitzer, den, durch die vortref=
liche Einrichtung des Churfl. Sächßl. Finanzwesens
allgemein bekannten Conferenzminister und Prä=
sident des Geh. Finanzcollegii Graf von Wallwitz,
welcher auch zugleich Besitzer des Bades selbst ist.
Schon der ehemalige Besitzer dieses Bades der noch
lebende Oberconsistorialrath Gottschalk zu Dresden,
kaufte der Nähe und Bequemlichkeit wegen das
Rittergut Liegau im Jahr 1765. zum Bade, und
seit dieser Zeit ist das Bad dem Rittergute bey=
geblieben, ohnerachtet es kein Lehnspertinenzstück
ist, sondern unter der Jurisdiktion des Amtes Ra=
deberg liegt. Alle zu diesem Bade gehörigen Ge=
bäude stehen ebenfalls auf churfürstl. Amts Grund
und Boden, ein einziges ausgenommen, welches
der Graf von Wallwitz im Jahr 1783. erbauet, ist
unter des Ritterguts Liegau Jurisdiktion gelegen.
Nun wißen Sie einigermaßen, wo Sie sind; die

sonstigen

sonstigen Nachbarschaften und Environs des Bades werden wir schon bey unsern Promenaden näher kennen lernen. Jetzt betrachten Sie mit mir die sämmtlichen Gebäude im Allgemeinen; unser Standpunkt sey vor dem kleinsten von allen, ich meine das Hauß, welches zum Behuf theatralischer Vorstellungen erbauet ist. Das Parterre ist's Theater, und oben sind Wohnungen für die Komödianten. Das Theater ist für die Stücken, die im Bade gegeben werden, hinlänglich decorirt. Indeßen stehet Ihnen frey, die Vorstellungen entweder aus den Fenstern Ihrer Wohnungen, oder unter freyem Himmel zu schauen, weil das Theater in dem Parterre dieses Hauses, keinesweges aber ein Schauspielhaus selbst darinnen befindlich ist. Also, diesem Hause gegen über, ohngefähr in einer Entfernung von 50 Schritten, erblicken Sie ein, sich durch seine Bauart auszeichnendes Gebäude, deßen Hinterseite man an den Berg bis an's Dach angebauet hat. Sie finden in diesem Hause zwey Säle; einer ist schön, hat eine gewölbte, und durch niedliche Malerey verzierte Decke; es ist darinnen ein eignes Orchester, und können 16 Paar in zwey Kolonnen bequem tanzen.

Der

Der andere, oder sogenannte Bauernsaal ist unter diesem angebracht, und keiner großen Aufmerksamkeit werth. Noch findet sich neben dem ersten Saale ein Billardzimmer. Dieses Haus hat inwendig keine Treppe, sondern die große steinerne Treppe, welche Sie bey demselben rechts sehen, ist die Haupttreppe — auch führt eine hölzerne Treppe, welche zugleich mit den Gebäuden linker Hand in Verbindung steht, zum Saale. In denen Gebäuden, die Sie hier sowohl zur linken als zur rechten Hand sehen, befinden sich Zimmer zur Wohnung für Badegäste, deren umständlichere Beschreibung ich mir vorbehalte. Das zur rechten Hand wird das alte Herrnhaus oder Wirthschaftsgebäude, und das zur linken Hand, das Gallerie, und Ganghaus genennt. Weiter nach Ihrem Standpunkte zu, zur linken Hand, finden Sie das sogenannte neue Haus, welches im Jahr 1783. von dem Herrn Graf von Wallwitz auf Liegauer Grund und Boden erbauet, und ganz dem Zwecke seiner Bestimmung angemessen ist; endlich sehen Sie, zur rechten Hand, das eigentliche Badehaus, in welchem sich die Bäder befinden. Dieses Gebäude ist nebst dem noch darangebauten so-

genannt-

genannten Altthiemerischen Hause das erste und älteste. Nun wollen wir über den ziemlich geräumigen Hof hingehen und die steinerne Treppe hinauf, denn ganz oben auf der Spitze des Berges im Walde, ist noch einer meiner liebsten Plätze, ich meine den Ort, wo das Haus mit dem Betsaale, oder wie sie im Bade sagen, der Kirchensaal, stehet. In diesem Hause, welches rund herum mit ehrwürdigen Fichten und Tannen umgeben ist, wird alle Sonntage, die Badezeit über, Gottesdienst gehalten; die beyden Radeberger Diakoni wechseln, diesen Sonntag predigt der eine (jetzt M. Teichmann) und den zweyten, der andere, (M. Gerhardt.) Letzterer gefällt in Ansehung seines Vortrags sowohl, als seiner Person, mit allem Recht beßer, als ersterer. Der Schulmeister aus Lotzdorf macht den Cantor. Das auf einem Teller eingesammlete Geld empfängt der Prediger. Ich habe diesem Gottesdienste mehrmalen beygewohnet; es ist in der That feyerlich, zumal wenn der Prediger seine Rede zweckmäßig bearbeitet und vorträgt. Der Anfang ist um 10 Uhr, und das Ende um zwölfe. Auf diesem nehmlichen Saale wird auch zuweilen, bey großer Gesellschaft,

die

die gemeiniglich Sonntags sich einfindet, getanzt, und von den Komödianten sogenannte Nachtkomödie gegeben; er scheint auch mehr für die gesellige Freude, als die fromme Andacht geschaffen, indeßen gefällt mir der Platz. Noch haben Sie einen Wagenschuppen und Pferdeställe zu sehen — dann weiß ich kein Gebäude mehr. Von der innern Einrichtung eines jeden sollen Sie eine genaue Beschreibung erhalten, wenn Sie erst mit der Entstehung und kurzen Geschichte des Bades selbst, wovon ich in meinem nächsten sprechen werde, näher bekannt sind. Laßen Sie sich Ihre Reise wohl bekommen. Ich bin 2c.

Dritter Brief.
Entstehung und Geschichte des Bades.

Dresden, den 15 August 1789.

Mein sehr lieber Freund!
Schon in der Mitte des sechszehnden Jahrhunderts waren in der Gegend des Radeberger Bades
nicht

nicht nur verschiedene Berggebäude, sondern auch eine Vitriol- und Schwefelhütte, welches die in dem Archive des Bergamts Glashütte befindlichen alten Berg- und Receßbücher, und Albins Meißn. Bergchronik S. 139 näher begründen.

Der Vortheil, den die damaligen Besitzer aus diesen Werken gezogen haben, muß aber doch nicht groß gewesen seyn, denn noch vor Ende des sechszehnden Jahrhunderts, unterließ man den anfangs vielversprechenden Bau. Zu Anfang des jetzigen Jahrhunderts aber, im Jahr 1716. kam ein Radeberger Bürgermeister, mit Namen Seidel, auf den Einfall aufs neue daselbst einzulegen, und das nachgehends von ihm errichtete Berggebäude, unter dem Namen des Sonnenglanzes, zu muthen; und da man bey Eröfnung dieses Gebürges, das durch einen unvermutheten Zufall in demselben zusammen gelaufene Waßer, von sonst gewöhnlichem Waßer gar sehr unterschieden, auch, wie die Uiberlieferung sagt, in verschiedenen äußerlichen Verletzungen von guter Wirkung fand, so kam dieser speculative Bürgermeister, vermuthlich unter Zuziehung eines gelehrten Physici, auf den zweyten,

für

für die Nachwelt so nützlichen, Einfall, hier ein Bad anzulegen, und erbaute zu dem Ende im Jahr 1721 das noch bis jetzt stehende Badehaus, und kurz darauf einige noch daselbst befindliche Gebäude. Der Nutzen und die gute Wirkung dieses Bades verbreitete sich in kurzer Zeit allgemein, und drang bis zum Thron des damals glorwürdigst regierenden Königs Friedrich August des Zweyten, welcher denn, um sich von der Wahrheit des Gerüchts zu überzeugen, die Quellen durch Sachverständige untersuchen, und die Wirkung des Wasers selbst genau prüfen ließ. Von der Güte und den vortreflichen Eigenschaften des Wasers überzeugt, bediente er sich deßen nicht nur in der Folge selbst, sondern rühmte auch, bey jeder Gelegenheit, die vortrefliche Wirkung dieses Bades. Um diese Zeit und bis zum Ableben der Churfürstin Antonie, Mutter des jetzt regierenden Churfürstens, wurden mehrere tausend Eymer dieses Badewasers nach Dresden geschaft, und nächst der Königl. und Churfürstl. Familie badeten sich viele vornehme und geringe Privatpersonen theils in ihren Wohnungen, theils im Bade selbst. Der Besitzer deßelben, gedachter Bürgermeister Seidel, fand sich auch durch

die

die, diesem Quellwaßer, vom Könige August dem Zweyten bezeigte besondere Aufmerksamkeit, bewogen, selbigem den Namen Augustusbrunnen zu geben.

Nach dieses Bürgermeister Seidels Ableben entstand zu seinem Nachlaße ein Concurs, es wurde daher am 23. December 1765. das Bad subhastiret, und der Oberconsistorialrath Gottschalk aus Dresden, als höchster Licitante erhielt es am 21. Febr. 1766. adjudiciret. Während dessen Besitzzeit wurden unter andern, für dieses Bad nützlichen Anstalten, auch besonders die Bestandtheile einer, von einem gewißen Joh. Friedrich Hecker, damaligen Gottschalkischen Bedienten, am 17. Novbr. 1768. entdeckten neuen Quelle, näher untersuchet, und die Quelle bey erprüftem Nutzen eingefaßt, wie ich Ihnen in meinem folgenden ausführlicher sagen werde. Aus den entferntesten Gegenden Sachsens und sogar des nahen Auslandes, fanden sich, besonders nach der Entdeckung dieser neuen Quelle, Badegäste ein, und die mit unter großen und glücklichen Kuren, ganz von den Aerzten, für unheilbar, ausgegebener Patienten, brachten um diese Zeit das Bad in einen sehr großen Ruf. Auch hat sich

sich dieser Ruf bis auf gegenwärtige Zeit erhalten, und ich könnte Ihnen, seit der Besitzzeit des Conferenzministers Grafen von Wallwitz, welcher das Bad mit dem Rittergute Liegau am 1. April 1783. von dem Oberconsistorialrath Gottschalk erkaufet, vielfältige Beweise von glücklichen Kuren anführen. Auch ist gewiß, daß der Graf von Wallwitz, des neuen schönen und zweckmäßig, gleich nach Erkaufung des Bades, aufgeführten Gebäudes ungerechnet, mannigfaltige vortheilhaftere Einrichtungen in diesem Bade zu machen, sich äußerst angelegen seyn läßt, wie Sie alles in der Folge von mir ausführlich erfahren sollen. Für heute nichts mehr, als daß ich lebenslang bin

Ihr

2c. 2c.

Vierter

Vierter Brief.
Kräfte und Bestandtheile.

Dresden, den 21 August 1789.

Liebster Freund!

Sie haben so unrecht nicht, wenn sie sich von diesem Briefe keine große Idee machen, da Sie wissen, daß ich nur ein Dilletant in der Naturkunde bin. Das Studium der Naturgeschichte ist zwar wohl von jeher meine Lieblingsneigung gewesen; ich habe aber weder Geld noch Zeit gehabt, solche Fortschritte in dieser Wißenschaft zu machen, daß ich es wagen könnte Ihnen und dem Publikum untrügliche Bemerkungen über die Kräfte und Bestandtheile des Radeberger Bades mitzutheilen. Was mich eigne Erfahrung in Rücksicht der Kräfte des Bades, gelehrt, werde ich Ihnen schon sagen; aber das wird leider wenig seyn, denn krank bin ich, seit ich dieses Bad kenne, nie gewesen; ich kann also nur von den Wirkungen sprechen, die es auf meinem gesunden Körper gemacht hat. Damit Sie aber doch auch einen zuverläßigen Unterricht

richt hierüber erhalten, weiß ich kein sicherer Mittel, als Ihnen die eben so richtigen als nützlichen Bemerkungen des Verfaßers der Nachricht, von dem bey Radeberg befindlichen mineralischen Waßer ꝛc. wörtlich zu überliefern. Er sagt:

die Kräfte der Bäder bestehen darinnen, daß sie alle Glieder des Leibes in Bewegung setzen, und nach dem Unterschied dieser Bewegung, die sich nach der Natur des Kranken, und Krankheiten verhält, ihre Wirkung zeigen. Sie wirken also unmittelbar in die dichten und festen Theile des Leibes. Sie haben die Kraft vertrocknete und steife Fasern zu erweichen, die schlaffen und und matten anzuziehen, erkältete und krampfig zusammengezogene Glieder und Junkturen, zu erwärmen, mit ihrer Wärme durchzudringen, die Verstopfung der Nerven und Drüsen aufzulösen, den Muskeln die Starrheit und darinnen verhaltene Dünste zu benehmen, die Schärfe nicht nur unter der Haut, sondern auch in den Knochen zu dämpfen, anzufeuchten, und den hie und da zähen und stockenden Schleim zu zertheilen, welchen denn die Natur durch Eröfnung der Schweißlöcher und unterhaltene Ausdünstung

ſtung forttreibt, und damit die ganze Oberfläche des Körpers reiniget. Die Bäder wirken mittelbarer Weiſe, weil auch die innern Theile davon afficirt werden, ſowohl die Inteſtina, welches ſowohl die Reinigung als Verſtopfung des Leibes bewirket, als auch die Viſcera, weil der Urin befördert wird, und man bey einem gefährlichen Zuſtande derſelben kein Bad brauchen darf. Dieſe Wirkung geht bis in die flüßigen Theile des Leibes, indem die Bäder den Lauf des Blutes verſtärken, die Adern ausdehnen, alles unnütze Serum wegtreiben, und die hie und da zuſammen getretenen Congeſtionen auflöſen, und zertheilen. Hieraus erfolgt eine freye Ab- und Zuleitung der Säfte. Daß die Kraft eines Bades wirklich in die Natur des Blutes dringt, erhellet ferner aus mancherley Zufällen, als Beklemmungen der Bruſt, Herzklopfen, Schwindel und Ohnmachten, wenn die Hitze deſſelben die Natur des Kranken überſteigt. ꝛc.

Daß das Radeberger Bad dieſe hier beſchriebene Eigenſchaften in voller Maſe beſitzt, beſtätiget die Erfahrung, und niemand wird an deſſen auſ-

ſeror-

ſerordentlichen Kräften zweifeln, der auch nur einigemal gebadet hat. Ich, der ich, dem Himmel ſey Dank! ſeit mehrern Jahren eine gute Geſundheit genieße, und wie Sie wiſſen einen ziemlich ſtarken Körperbau habe — ich empfinde allemal nach dem Bade, wenn ich die außerordentlich ſtarke Ausdünſtung gehörig abwarte, eine Leichtigkeit, die ich weder durch häufigen Gebrauch des Elbbades, noch in einem andern hielländiſchen Bade erhalte. Dieſes iſt Wahrheit, ich fühle auch im Bade ſelbſt recht lebhaft die angreifende Kraft — wie ſie in die Nerven eindringt — und wenn ich gegen eine Stunde in der Wanne geſeſſen, ſo faßt mich's an der Bruſt, daß ich heraus muß. Weil ich aber das Bad vorſchriftmäßig zu brauchen noch nicht nöthig befunden, kann ich Ihnen auch von deßen fortwirkenden Kräften nichts weiter ſagen. Indeßen werde ich mich bemühen, Sie, wo möglich, in der Folge, auch damit, was eigentlich dieſes Bad, bey vorſchriftmäßigem Gebrauche, der Geſundheit nützen kann, und in welchen Zufällen es im Allgemeinen anwendbar iſt, bekannt zu machen. Jetzt laßen Sie uns die Beſtandtheile des Waßers prüfen, und ſeinem Urſprung nachforſchen.

Jener Verfaßer der Nachricht von dem bey Radeberg befindlichen mineralischen Waßer ꝛc. hat ohnstreitig auch hierüber sehr richtige Beobachtungen angestellt, und wie mir einige erfahrne Physiker versichert haben, läßt sich nichts mehr über diesen Gegenstand sagen, als was er gesagt hat. Nach ihm ist

das Gestein, woraus dieses Gebirge, insonderheit aber diejenige steile Anhöhe bestehet, in welche der Stollen getrieben worden, und wo das Waßer der zuerst entdeckten Quelle entspringt, ein weißlicher aus großen und kleinen Quarzkörnern, Glimmer und verhärteten Letten zusammen gesetzter Granit; bey dem jedoch der Quarzsand den größten Bestandtheil ausmachet, und der bisweilen mit einer eisenrostigen Kruste bedeckt ist.

Am 17. Novbr. 1768. wurde aber, wie ich Ihnen, wo ich nicht irre, schon gesagt habe, am Fuße des Gebirges eine zweyte Quelle, durch einen gewesenen Bergknappen Christian Friedrich Hekern, entdeckt, und ob schon das Gebirge, wo sie entdeckt worden die nehmlichen Bestandtheile, wie bey der ersten und alten hat; so ist es doch durch

die

die Erfahrung bestätiget, daß die Wirkungen der neuen Quelle ungleich kräftiger sind, als die des Waßers der alten. Jener mehrgedachte Verfaßer der Nachricht ꝛc. sagt hierüber, daß die neue Quelle, welche, wie er beobachtet hat, eigentlich aus drey Quellen bestehet, vermuthlich von einer gemeinschaftlichen Waßerader herstamme — es mache aber diese Waßerader verschiedne Ausbrüche im Sande, und vermöge ihrer Direktion hätte sie mit der alten Quelle gar keine Verbindung; beyde Quellen hingegen kämen von einem viel tiefern, in den gegen Mittag und Abend gelegenen Gegenden des Gebirges sich befindenden, Waßerschatze her; er hat sich viel Mühe gegeben den Unterschied der nunmehro sogenannten alten und neuen Quelle auszuzeichnen, und vorzüglich über die Verschiedenheit der alten und neuen Quelle zwey und zwanzig physische Versuche angestellt. Ohnmöglich aber kann ich Ihnen diese Versuche, ohngeachtet sie es verdienten, abschreiben, denn es würde Sie ermüden sie zu lesen, und mich sie abzuschreiben. Man muß sich die Mühe nehmen ihre Richtigkeit durch eigne Prüfung und Anwendung der darinnen vorgeschriebenen Mittel praktisch zu untersuchen, sonst können sie zu nichts helfen — und das wollen wir thun, wenn wir einmal zusammen im Bade sind. Jetzt begnügen Sie Sich mit dem, was der Verfaßer daraus gefolgert hat. Er spricht:

Aus diesen Versuchen läßt sich nunmehro die Beschaffenheit und der Unterschied beyderley Arten dieses Waßers gar füglich herleiten. Bey beyden Arten entdeckt sich keine Spur von einer in derselben ungebundenen Säure.

Das Waßer der neuen Quelle enthält ungleich mehrere zarte, flüchtige Theile, als das Waßer der alten Quelle.

Das Waßer der neuen Quelle hat mehrere eisenartigere Theile, als das Waßer der alten bey sich.

In dem Waßer der neuen Quelle sind mehrere erdigte und salzige Theile, als in dem Waßer der alten befindlich.

Das Waßer der neuen Quelle ist mit einer größern Menge eines Mittelsalzes, als das Waßer der alten versehen.

Das in der neuen Quelle vorhandene Salz ist von dem Salze in der alten, zum Theil, unterschieden.

Das

Das Waßer der alten Quelle enthält eine, in einem zarten, flüchtigen Wesen aufgelößte alkalische Eisenerde, nebst einem Mittelsalze, welches dem Glauberischen gleich kömmt, es ist in allen Stücken schwächer als das Waßer der neuen Quelle.

Das Waßer der neuen Quelle enthält nebst einer, in den flüchtigen, zarten Wesen aufgelößten alkalischen Eisenerde, und dem Glauberischen Wundersalze auch etwas von gemeinem Salze, und eine sehr kleine Menge von einem zur Zeit noch unbekannten Salze. Von diesem letztern läßt sich vermuthen, daß solches etwas zu denjenigen Wirkungen beyträgt, die sich bey dem innerlichen Gebrauche dieses Waßers an verschiedenen Personen geäusert haben; aus eben diesen Versuchen läßt sich beweisen, daß in dem Waßer der neuen Quelle, weder gemeiner Schwefel, viel weniger arsenikalische Theile enthalten sind; wie sich denn auch in selbigen nicht die geringste Spur von einem wirklichen Eisen- oder Kupfervitriole veroffenbaret. Und endlich erhellet, daß beyderley Arten von diesem Waßer vermöge ihrer Bestandtheile, eine eröf-

eröfnende, zertheilende, die Säfte flüßig machende, und die Fibern und festen Theile stärkende Kraft haben ꝛc.

Diese Resultate der angestellten Versuche mit dem Waßer von der alten und neuen Quelle sind nach dem Zeugniße erfahrner Physiker und Aerzte sehr richtig; daß also der neue Quell in seinen Wirkungen ungleich stärker als der alte ist, ist außer allem Zweifel, daher es kein Badegast wagen kann, sich ein Bad von der neuen Quelle allein machen zu laßen. Gemeiniglich aber pflegen die Badegäste, auf Anrathen ihrer Aerzte, das Waßer der alten Quelle mit zwey oder drey sogenannten Fahrten aus der neuen Quelle zu vermischen, und aus der neuen Quelle allein zu baden, ist, wie bereits gedacht worden, nicht anzurathen. Man hat übrigens, welches ich wiederholend sagen muß, sehr viele Beyspiele von gichtischen Gliederkranken, und nervenschwachen Personen, die den Kräften dieses Bades öfters gänzliche Herstellung ihrer Gesundheit zu danken haben; ich könnte Ihnen eine große Liste auszeichnen: doch wozu das, da der große Werth deßelben ohnedies bekannt genung ist.

Ihnen

Ihnen und Ihrer lieben Gattin, da Sie beyderseits schwache Nerven haben, und zu Krämpfen geneigt sind, verspreche ich zuverläßig nach den vorschriftmäßigen Gebrauch des Bades, Stärkung und neue Kräfte. In meinem nächsten hoffe ich, auch Ihnen durch Unterstützung von einem meiner Freunde, eine Vorschrift zum zweckmäßigen Gebrauche dieses Bades im Allgemeinen, mittheilen zu können Leben Sie wohl. Ich bin jederzeit

Ihr ꝛc.

Beylage zu diesem Briefe.

Eben da ich im Begrif bin diesen Brief abgehen zu laßen, erhalte ich einen Aufsatz über das Radeberger Bad, der so vortreflich ist, daß ich nicht einen Augenblick anstehen kann, Ihnen das wichtigste daraus mitzutheilen. Der Verfaßer ist mir zwar unbekannt: doch der mir zugekommene Aufsatz ist ein Beweis von seiner gründlichen Gelehrsamkeit im Fache der Physik und Heilkunde. Im Eingange seines Aufsatzes nennt er verschiedene Aerzte, als den Profeßor D. Lehmann zu Leipzig, den D. Wolf und Milhauser zu Dresden, ingleichen den D. Buddäus zu Budißin, welche nach Bekanntwerdung des Radeberger Bades die Quelle untersuchet und darüber geschrieben haben; sagt jedoch, daß ihre Schriften mit einander in großen Widerspruch ständen; es wäre daher die Leipziger ökonomische Sozietät veranlaßet worden, dieses Waßer, und vorzüglich, in der Folge, die neue Quelle, genauer untersuchen zu laßen; und deren patriotischen Eifer hätten wir es zu danken, daß wir von dem wahren Gehalte dieses Waßers nunmehro näher und zuverläßiger unterrichtet worden wären, und zwar in der Nachricht von dem bey Radeberg befindlichen mineralischen Waßer ꝛc. woraus ich Ihnen bereits in meinem vorigen Auszüge geliefert. Ohnerachtet er aber, was die Bestandtheile des Waßers anlanget mit dem Verfaßer jener Nachricht von dem ꝛc. ganz einerley Meynung ist, so hat mir doch in seinem Aufsatze die Beobachtung über die Verschiedenheit der neuen und der alten Quelle beßer und deutlicher geschienen, als die von jenem Verfaßer Ihnen bereits mitgetheilten Resultate der hierüber angestellten Untersuchung. Er sagt:

1. Die

I.

Die neue Quelle enthält einen sauern, dem flüchtigen Schwefelgeist sehr ähnlichen Mineralspiritus. Dieses beweißt

a) deren vitriolischer Geschmack, und ohne Säure kann kein Vitriol seyn.

b) Der Mineralgeist hat aus den verwitterten Kiesen und aus allen solchen Mineralien ,seinen Ursprung, aus welchem vermittelst der Chymie eine Vitriol- oder Schwefelsäure, kann dargestellt werden. Daß aber dergleichen Mineralien bey dem Augustusbade, beweisen die aufbefundenen Reste der Vitriol- und Schwefelhütten.

c) Die durch Vermischung dieses Waßers mit der Lackmustinctur entstehende rothe Farbe beweiset das Acidum deutlich, wie nicht weniger

d) das durch Zusatz des Alcali fixi sowohl, als mineralis und volatilis erhaltene gelbe Präcipitat.

e) Die drey Mineralsäuern machten keine Veränderung oder Aufbrausen.

Es enthält diese Quelle

2.

Eisen, welches man erkennt
- a) aus der braunen ins schwärzlichste fallenden Farbe von Galläpfeln
- b) aus der von Vermischung der Blutlauge entstehenden blauen Farbe,
- c) aus dem nach der Abdünstung überbleibenden Eisenocher, welcher, mit einer brennbaren Materie vermischt, und calcinirt, fast die Helfte eines reinen Eisens durch Beyhülfe des Magnets lieferte.

Es besitzet diese Quelle

3.

ein Mittelsalz, welches nach Auslaugung genannter Ochererde erhalten wird, und dem Tartaro vitriolato gleichet, nicht weniger

4.

Ein Alcali fixum, und

5.

etwas weniges Kochsalz, denn durch Vermischung des Salmiacs trieb es das Sal volatile heraus, und das in acido Nitri aufgelößte Quecksilber zeigte nur wenige weiße Wolken.

Mehre-

Mehrerer damit angestellten Versuche und derselben Erfolge, der Kürze der Zeit wegen, vor jetzo nicht zu gedenken. —

Die alte Quelle ist von dieser blos darinn unterschieden, daß sie von diesen Bestandtheilen weniger, und von Kochsalze gar nichts enthält, welches ohnedies der geringfügigste Antheil der neuen ist. Und nach diesen Bestandtheilen lassen sich denn die Kräfte beyder Quellen sehr leicht bestimmen. Wegen ihres Mineralgeistes dringen sie in die subtilsten Gefäße des Körpers und zertheilen die in selbigem stockenden Säfte, daher sie in Kopfschmerzen, der Migraine, dem Schwindel, in Krämpfen des Genicks und der Schläfe, welche sehr öfters Vorboten von Schlagflüßen sind, nicht weniger in Fehlern der äusern Sinne vortrefliche Dienste leisten. Wegen ihres Eisengehalts stärken sie die erschlaften festen Theile und geben ihnen die verlorne Spannkraft wieder, daher sie bey hartnäckigen Verstopfungen, vorzüglich der monatlichen Reinigung und der goldnen Ader, in allen Arten Oedemateuser Geschwülste, nach überstandenen und eine große Schwäche des Körpers

pers zurückgelaßenen schweren Krankheiten, bey erschöpften Kräften, die gewiße Arten von Ausschweifungen zum Grunde haben, bey schlechter Dauung des Magens und daher entstehender Anhäufung der Blähungen, und überhaupt bey allen Uebeln, die eine Fibram laxam zur Ursache haben, mit bestem Erfolg gebraucht werden. Vermöge ihres salzigen alcalinischen und erdigten Antheils aber, haben sie die Kraft, in die dicken zähen Säfte einzuschneiden, dieselben aufzulösen, zu verdünnen und auszuführen, die Absonderung des Urins zu befördern, die saure Schärfe zu tilgen, die Ausschläge der Haut zu reinigen und zu heilen, scorbutisches Reißen, laufende Gicht, Hüftschmerzen, Lähmungen, Contracturen, ferner die Bleichsucht, gelbe Sucht, den weißen Fluß und noch eine Menge Fehler des Bluts zu verbessern und zu heben. Man wundere sich nicht, daß das Register der Krankheiten, in welchen ich das Radeberger Bad empfehle, so groß ist, es sind derselben noch viel mehrere, wo es als Stahlwaßer Dienste leisten muß, auch wirklich schon geleistet hat, und es ist sehr zu bedauern, daß die vor Zeiten

Zeiten angefangenen und zum Druck beförderten Krankengeschichten nicht sind fortgesetzt worden, man würde über die Würkungen erstaunen, die diese Mineralwäßer geleistet haben. Ich habe durch eine vierzehnjährige Erfahrung die neue Quelle so wirksam befunden, daß sie mir bey vielen Kranken das nemliche geleistet, was ich von Eger oder Pyrmonter irgend erwarten konnte. Und daß sie ein starkes mit vielen Mineralgeist geschwängertes Waßer sey, davon können diejenigen am besten urtheilen, welche, ohne die Natur dieses Waßers hinlänglich zu kennen, oder einen der Sache kundigen Arzt darum zu fragen, bles um recht viel für ihr Geld zu haben, nicht etwa ein Drittel, wie man es ohne Nachtheil der Gesundheit thun kann, sondern die Hälfte, und noch mehr von der neuen Quelle mit der alten vermischt zu einem Bade nahmen, davon entsetzliche Wallung im Blute, Herzensangst, Schwindel und Stecken bekamen, 'und sofort aus dem Bade gehen mußten. Woher diese Zufälle anders, als von den häufigen geistigen Wesen dieses Waßers? Und doch will man

seine

seine Kraft nicht einsehen? Doch muß die Gesundheit in ausländischen öfters ungleich geringhaltigern Bädern mit doppelten oder wohl dreyfachen Kosten erkauft werden? — ɾc.

Ich hoffe, daß Ihnen auch dieses Raisonnement nicht unwillkommen ist. Der Mann spricht mit eben so viel Wärme als Wahrheit — und man nimmt wahr, daß er das Gesagte mit voller Uiberzeugung gefühlt hat. Nein! nun muß ich schließen, die Post geht ab. Leben Sie wohl. ɾc.

Fünfter Brief.

Vorschrift zu einem zweckmäßigen Gebrauche des Radeberger Bades im Allgemeinen.

Dresden, den 6 Septbr. 1789.

Mein Bester!

Ich bin so glücklich gewesen durch einen Freund 15. Verhaltungsregeln beym Gebrauch des Radeberger Bades zu erhalten, die einer der geschicktesten Aerzte entworfen, deßen Namen zu nennen mir mit aber verbothen ist. Ich eile, sie ihnen mitzutheilen, wenn ich Ihnen noch versichert habe, daß dieser würdige Arzt in seinem Urteil über die Bestandtheile des Bades mit dem, was ich Ihnen in meinem vorigen unter dieser Rubrique gesagt, vollkommen übereinstimmt, und dafür hält, daß diese Bestandtheile, welche nur in mehr oder wenigern Grad von alkalischen, eisenartigen und flüchtigen Mittelsalz-Gehalte in der Quelle wesentlich sind, der Absicht eines zweckmäßigen Gebrauchs gar nichts entgegengesetztes mit sich führen. Die Verhaltungsregeln, welche er empfiehlet sind diese:

1.

So viel nur immer möglich ist, Heiterkeit und Ruhe des Gemüths zu genießen, und sich vor allzustarken Anstrengungen, Gemüthsbewegungen, Erhitzungen und Erkältungen in Acht zu nehmen.

2.

Die Diät und Lebensordnung so einzurichten, daß nur einfache, leichte, einen guten Nahrungssaft in sich enthaltende, meistens schleimigte

C und

und Schärfe einwickelnde Speisen in kleinen und öfters wiederholten Portionen zu genießen.

3.

Täglich öfters gelinde Bewegung machen, mit Schauckeln, Gehen, Fahren, so wie es die Umstände erlauben.

4.

Früh gegen 9 Uhr ohngefehr ein kleines Seidel oder 3 bis 4 Taßen von dem Waßer aus der neuen Quelle mit ⅓ oder ¼ heiser Ziegen- oder Kuhmilch nach und nach trinken, oder wenn es ohne Milch, mit etwas heisem Waßer lau gemacht ganz allein; einige Bewegung dabey ist dienlich.

5.

Wenn nicht ein Stuhlgang alltäglich darauf erfolgte, mit der ersten Taße Waßer 1 Coffelöffel voll Carlsbader oder Seidschützer Salz zu verbinden;

6.

Wenn Abends oder zu einer andern Zeit am Tage verspürt wird, daß durch das Bad

mehr

mehr erweicht und aufgelöset worden, als abgegangen, ein erweichend beruhigend krampflinderndes gelindes laues Clistier z. E. aus Lein- oder Haferschleim mit ½ oder 1 Loth Carlsbader oder Seidschützer Salz verbündlich zu appliciren.

7.

Ein gelindes abführendes Mittel von Zeit zu Zeit nach Erforderniß der Umstände zu nehmen, es sey von Magnesia oder Rhabarbar oder Glauber, Carlsbader oder Seidschützer Salz in ganz dünner warmer Kalbsbrühe oder lauem Waßer aufgelößt zu nehmen.

8.

Bey dem Gebrauch des Bades ist das Schröpfen besonders in den Theilen, oder in der Nähe derselben, wo gichterische Schmerzen, und Stockungen am meisten zu fühlen sind, nach Befinden 1 auch 2 mal zu unternehmen;

9.

Die steifen Theile des Körpers zuweilen gelinde zu frottiren, wird ganz dienlich seyn;

10. Das

10.

Das Nachmittagsbaden ist erlaubt nach der völligen Verdauung, ohngefehr in der fünften Stunde in das Bad zu gehen, darinnen niemals etwas eßen oder trinken, auch nicht viel reden noch vielweniger schlafen, und anfangs nicht über eine halbe Stunde oder ¾ Stunden darinnen aufzuhalten, aber dann nach und nach, nach Befinden der Wirkung, bis auf eine Stunde zu steigen, und denn bey Beendigung auch wieder in der Zeit zu fallen;

11.

In der Wanne das Badewaßer so einzurichten, daß solches beym Sitzen, und bis an die Brust oder Oberleib steiget, die obersten Theile des Körpers, wann es nöthig ist, durch ein überhängendes flanellen oder leinen Tuch darunter auffangenden Broten oder Dampf zu befeuchten, ist ganz dienlich.

12.

Das Baden auf dem Zimmer oder Stube, ist bey besondern Umständen bequem, solches Badezimmer muß aber bey dem Baden vor aller Zugluft auf das sorgfältigste verwahret seyn.

13. In

13.

In die erſten Bäder läßt man nur 2 bis 3 Kannen kaltes Waßer aus der neuen Quelle in das Bad thun, und kann, wenn es der Badenden Umſtände erlauben, damit bis zur Hälfte ſteigen.

14.

Das Baden mit dem 20 oder 22ten Grad der Wärme nach Reaumeurs Thermometer anzufangen und dann nach und nach auf 28 bis 30 Grad nach Bedürfniß und Befinden zu ſteigen, aber denn am Ende auch auf 18 bis 16 Grad herunter zu kommen, wenn die erwünſchte Wirkung da und alles erreicht iſt, und nun die Theile noch einige Stärkung bedürfen;

15.

Nach dem Bade bleibt man wenigſtens eine Stunde im Bette und erwartet in einem flanellnen Mantel einen gelinden Schweiß ab, und trinkt allenfalls eine Taße Thee. Die Länge des Gebrauchs der Bäder und anderer Dinge im voraus zu beſtimmen, wäre undienlich, da alles übrige Zeit, Wirkung und Umſtände beſtimmen werden.

Wer sich nach diesen Vorschriften richtet, könnte beynahe des Rathes eines Arztes entbehren: Doch halte ich davor, so schön sie auch immer sind, man frage über seinen Zustand einen Arzt, und richte sich nur im Allgemeinen darnach. Ich kann Ihnen nicht genung sagen mit welcher Anhänglichkeit ich bin

Ihr ꝛc.

Sechster Brief.

Bade= und Wohnzimmer.

Dresden am 12 Septbr. 1789.

Mein Lieber!

Mein zweyter Brief lehrte Sie größtentheils nur die Außenseite der Gebäude des Radeberger Bades kennen, — dieser soll Sie mit der innern Einrichtung derselben näher bekannt machen.

In dem sogenannten Badehause können nicht mehr als zwey Familien wohnen, eine in der ersten Etage und eine in der zweyten. Für die erste Etage, wozu eine sehr schöne Stube und zwey Kammern,

mern, auch eine kleine Küche gehöret, wird jetzt nach einem festgesetzten Miethzinse wöchentlich 3 Rthlr. 12 gl. für die zweyte Etage hingegen, wozu zwey Stuben nebst drey Kammern (darneben noch zwey Kammern unter dem Dache, für Bedienten,) und eine Küche gehöret, wöchentlich 5 Rthlr. bezahlt. Beyde Etagen sind mit vorzüglich guten Meublen versehen. Z. B. in der Stube befindet sich ein Sofa, große Spiegel, Commoden, Tische, Stühle, Bettstellen; auch sind die Zimmer schön tapeziert. Die Wohnungen in diesem Hause haben deshalb auch vor andern Vorzüge, weil man gleich aus dem Zimmer die Treppe hinunter in die Badezimmer gehen kann, denn es befinden sich Parterr in diesem Hause 10 Badezimmer worinnen 12 Wannen stehen. An dieses Badehaus ist, wie ich schon in meinem zweyten erwähnt, das sogenannte Altthiemerische Haus angebaut, welches, weil ein ehemaliger General Thiemer mehre Jahre darinnen gewohnet, der auch zu dessen Aufbau beygetragen haben soll, nach ihm diesen Namen behalten hat. Dieses Haus bestehet ebenfalls aus zwey Etagen und bey jeder Etage ist eine Gallerie; die hierinne befindlichen Zimmer sind nicht so gut conditionirt; es ist daher auch der wöchentliche Miethzinß geringe, denn forne heraus gilt ein Zimmer 8 gl. und nach dem Walde zu 6 gl. Demohngeachtet hat dieses Haus das Angenehme, daß in deßen Erdstocke auch 8 Badezimmer befindlich sind, worinnen ebenfalls 12 Badewannen stehen; die darinne befindlichen Zimmer sind übrigens alle mit dem nothdürftigsten Meublen versehen.

Das alte sogenannte Herrnhaus oder Wirthschaftsgebäude bestehet aus zwey Etagen; den Erdstock bewohnet jederzeit der Speisewirth, worinne eine große Küche, Speisegewölbe 1c. befindlich ist. In jeder Etage sind 4 Zimmer nebst einer zu jedem Zimmer gehörigen Kammer. Die beyden Eckzimmer nach dem alten Badehause zu, sind die schönsten. Es ist hierinne das Meublement vorzüglich. In der ersten Etage ist für jedes Zimmer vorjetzt der wöchentliche Miethzinß durchgängig 2 Rthlr. 6 gl. in der zweyten hingegen 2 Rthlr. Uiberhaupt befinden sich an Meublen in jedem Zimmer 4 Stühle, 3 Tische, eine Commode, Spiegel, zwey Bettstellen, und alles

was

was sonst zur Bequemlichkeit nöthig ist, nur in dem Eckzimmer der ersten Etage steht ein Sofa. Auch hat man in dem Hause noch Dachkammern zu einen wöchentlichen Preis von 6 gl. für Bediente angebracht.

In dem Gang- oder Galleriehause, sind die Zimmer, und die wöchentlichen Miethzinßen verschieden. Sie können zu 1 Rthlr. 6 gl. 1 Rthlr. 12 gl. bis 1 Rthlr. 18 gl. in einem Zimmer, nebst dazu gehörigen Kammer wohnen; Bey manchem Zimmer sind sogar zwey Kammern; so ist auch die Güte der Meublen verschieden, welche in Verhältniß mit dem Miethzinße stehen; indeßen hat man bey jedem Zimmer für hinlängliche Bequemlichkeit gesorgt. Die Gallerie, welche beyde Etagen dieses Hauses umgiebt, ist für manchen sehr angenehm, ob sie schon die Zimmer etwas dunkel macht. Noch befindet sich ein sehr niedlicher Saal von 6 Fenstern in der zweyten Etage dieses Hauses. Es ist dieser Saal eigentlich zum Assembleesaal für etwas distinguirte Fremde bestimmt, und mit hinlänglichen Meublen versehen, auch schön tapeziert. Schade, daß er etwas versteckt liegt.

Das neue, im Jahr 1783. von dem Herrn Conferenzminister Graf von Wallwitz erbauete Haus, hat ohnstreitig die schönsten Zimmer. Sie sind durchgängig neu meublirt, und mit allen Bequemlichkeiten versehen. Lichte schöne Treppen; jede Etage hat einen Vorsaal, welcher, wie die Zimmer, durchgängig niedlich ausgemahlt ist; alles so lachend, und einen eigenen Reitz verbreitend. Man hat in der Größe der Zimmer eine Gleichheit beobachtet und forne heraus ist der Preis des wöchentlichen Miethzinses für zwey zusammen gehörige Zimmer und dem besten Meublement, 3 Rthlr. hingegen nach dem Walde zu, für zwey ebenmäßige Zimmer mit gleichen Meublen 2 Rthlr. 12 gl. Im Erdstocke dieses ganz zweckmäßig gebauten Hauses befindet sich ein schön ausgemahlter Saal von 9 Fenstern, worinnen Speisetafeln, kleine Tischgen, Stühle ꝛc. zu jedem beliebigen Gebrauche bereit stehen, auch hängt in dessen Mitte ein Kronleuchter. In diesem Saale pflegen gemeiniglich die Badegäste größere Dieners und Soupers zu halten — es wird auch darinnen getanzt.

Sie

Sie sehen nunmehro, mein Guter! daß jedem Badegast ganz freye Wahl bleibt, ob er theuer oder wohlfeil wohnen will. Die Preise, womit ich Sie bekannt gemacht, sind dem jedesmaligen Badeinspektor, der guten Ordnung wegen, vorgeschrieben, und hat jedes Zimmer in jedem Hause seine Nummer, und seinen festgesetzten Miethzins. Daß man mit Recht sagen kann, die Miethpreise in diesem Bade wären zu hoch? bezweifle ich sehr, weil nach Verhältniß gegen andere Bäder selbige immer noch wohlfeiler sind, und die Verschiedenheit der Preise, von der Beschaffenheit ist, daß jeder Badegast theuer und wohlfeil Quartier erhalten kann, derselbe doch auch nach der Billigkeit seine gute Bequemlichkeit und die Benutzung der Meubles, mit in Anschlag zu bringen hat.

Sagen Sie mir aber, werthester Freund! wenn Sie nun 4 bis 6 Wochen in diesem Bade leben, und wöchentlich etliche Groschen wohlfeiler wohnen können, was machen Ihnen die ersparten paar Thaler für ein Object? — Meinem Bedünken nach sind die Miethzinsen nicht zu hoch, und
wie

wie ich schon gedacht, in Verhältniß mit andern Bädern würklich äußerst billig. Die Badezimmer in dem Erdstocke, des sogenannten Badehauses sind sehr bequem eingerichtet. Man kann sich das Waßer selbst vermittelst Aufdrehung zweyer in den Röhren befindlicher meßingener Hähne, wovon der eine kalt, der andere warm giebt, bereiten, wie man will. Zu jedem Bade erhält man eine Marque, wovor 1 gl. und 2 gl. auch, wenn in Zimmern gebadet wird 4 gl. zu bezahlen ist; 1 gl. giebt der gemeine Mann, und 2 gl. distinguirte Personen. Das Bad im Zimmer hingegen wird allemal mit 4 gl. bezahlt. Man nimmt sich gemeiniglich 1 Duzend zusammen. Die Aufsicht über die Reinlichkeit und Ordnung der Bäder sowohl, als der Zimmer, Vermiethung derselben, nöthige Reparatur, und sonstige Ereignisse, hat ein von dem Herrn Grafen ordentlich bestallter Badeinspektor, an welchen man sich vor der Ankommezeit, entweder mündlich oder schriftlich zu melden, ihm auch gegen seine Quittung die Mieth- und Bademarquengelder auszuzahlen hat. Dieser Badeinspektor hat wieder eine Badefrau und Bademann unter sich. Jeder Badegast be-

bestimmt eine Stunde an welcher er täglich baden will.

Das Waßer der neuen Quelle ist in Röhren gefaßt, und sowohl die alte Quelle, als die vorgedachte neue Quelle, gehen durch diese Leitung in das große Reservoir. Im Fall aber ein oder der andre Badegast, das Bad stärker zu haben verlangt, so wird auf Verlangen, zu jedem Bade ein oder zwey Fahrten von der neuen Quelle zugetragen, wofür ein geringes Douceur gegeben wird.

Ich weiß Ihnen nunmehro über den Gegenstand dieses Briefes nichts mehr zu sagen, als daß Sie allenfalls auch Federbetten um einen monatlichen Miethzinnß von 1 Rthlr. — 1 Rthlr. 8 gl. auch 1 Rthlr. 12 gl. von dem Speisewirthe bekommen können, und daß hinlängliche Stallung für 50 Pferde vorhanden. In meinem nächsten werde ich von der Bewirthung und Oekonomie reden. Ich versichere Sie meiner herzlichsten Liebe und bin ꝛc.

Siebenter

Siebenter Brief.
Bewirthung und Oekonomie der Badegäste.

Dresden, den 19 Sept. 1739.

Mein werthester Freund!

Die Berechnung, welche Sie gemacht haben, sechs Wochen mit Ihrer Gattin und zwey Domestiquen im Radeberger Bade zu leben, ist viel zu hoch, da Sie Ihre Pferde nicht mitbringen. Sie können wenigstens 20 bis 30 Rthlr. wohlfeiler leben. Auf welche Weise, will ich Ihnen gleich sagen:

2 Rthlr. 6 gl. — Quartier die Woche, das tägliche Essen des Mittags und Abends für Sie und Ihre Leute 20 gl. — thut

5 , 20 , — die Woche,

1 , — , — Coffee, Thee, Bier ꝛc. die Woche,

— , 8 , — die Komödianten,

— , 4 , — Sonntags den Radeberger Stadtpfeifern.
_____
9 Rthl. 14 gl. —

Ich

Ich setze voraus, daß Sie Ihren Wein mitbringen; es sind jedoch alle Sorten Weine gut und um billige Preise zu haben.

Mit 10 Rthlr. kommen Sie, die Woche über, auf jedem Fall aus, und leben so gut als zu Hause. Das wäre also auf sechs Wochen 60 und keineswegs 100 Rthlr. wie Sie gerechnet haben. Rechnen Sie etwa an Trinkgeldern beym Abgange aus dem Bade für dem Badeinspektor, und die Badefrau 1 Rthlr. und noch etliche Thaler vielleicht auf außerordentliche Ausgaben dazu, so kommt auf's Aeußerste eine Summe von 70 Rthlrn. heraus. An Ihrer Einrichtung ist es lediglich gelegen. Wollen Sie den Freygebigen spielen und viel aufgehen laßen, so ist es Ihre eigene Schuld. Sie können übrigens im ~.ve selbst alles um die billigsten Preise haben, was die Jahrszeit giebt; denn die ganze umliegende Gegend liefert ihre Produkte dahin, und das nahe Dresden, wohin täglich Gelegenheit gehet, trägt allerdings auch zu mehrerer Bequemlichkeit eines Badegastes viel bey. Auch sage ich Ihnen in der That keine Unwahrheit, wenn ich Sie versichere, daß Sie in diesem

sem Bade für Ihr Geld vorzüglich gut und billig bedienet werden. Der jetzige hohe Besitzer desselben richtet auf die gute Bewirthung der Badegäste ein vorzügliches Auge, und so wie er nur die geringste Spur wahrnimmt, daß die Gäste schlecht bedienet, oder vielleicht gar in den Preisen übertheuert werden sollten, so läßt er lieber seinen eigenen Vortheil fahren. — Die Pachtsbedingungen mit dem dießjährigen Speisewirthe, welcher zugleich auch Badeinspektor ist, sind daher äußerst billig, und wer dawider etwas zu sagen wagt, der muß boshafte Nebenabsichten zum Grunde haben, oder nichts von der ganzen Sache verstehen.

Es steht indessen, wie Sie nunmehro selbst einsehen werden, in der Willkühr jedes Badegastes, ob er wenig oder mehr ökonomisch leben will. Ich für meine Person allein getraue mir sechs Wochen mit 10 bis höchstens 25 Rthlrn. recht gut auszukommen. Daß ich hier von distinguirten und Personen, die ihr gutes Auskommen haben, spreche, versteht sich von selbst. Arme Kranke hingegen können äußerst wohlfeil leben, und bekommen auch wohl gar nach Befinden der Umstände, bis auf ihre Nahrung alles frey.

Eine

Eine allzugroße Oekonomie ist aber freylich auch nicht zu empfehlen, wenn man einmal ein Bad besucht. Gewiße Vergnügungen und Zerstreuungen muß man sich doch machen; obschon in diesem Bade nicht viel Gelegenheit zu großen Depensen ist, und man sich mit wenigern Aufwande öfters beßer, als in andern Bädern divertiren kann, so muß man doch einige Ausgaben auf das Vergnügen rechnen. Auf welche Art sollen Sie in meinem nächsten erfahren. Es freut mich schon im Voraus Sie im Radeberger Bade recht oft zu sehen

Ihr ꝛc.

Achter Brief.

Promenaden, Vergnügungen und Environs.

Dresden, den 25 Sept. 1789.

Mein Theuerster!

So wie Ihr Wagen den Berg hinunter nach dem Bade kömmt, ertönt der Donner der Kanonen in

D   Ihren

Ihren Ohren, 32 Pfünder sind es aber nicht, indeßen erschüttert ihr Knall durch das vielfältige Anprallen an den Bergen die Nerven immer mächtig genung. Wenn man Ihnen diese gewöhnliche Begrüßungsehre gemacht hat, stellt sich der Direkteur der Komödianten, jetzt Herr Zimmermann, welcher sich seit mehrern Jahren um dieses Bad durch seine Kunst verdient gemacht, mitten in den großen Hofplatz und rührt die Trommel. Alles schweigt und in jeder Miene lesen Sie Staunen vor Erwartung der Dinge, die da kommen sollen. Während des Trommelns blickt Hr. Zimmermann im Kreiße herum; mit einer gewißen Größe läßt er endlich die Hände zurücksinken, und ruft mit eben so donnernder Stimme, wie die Salven der Kanonen, Ihren Namen und Karakter aus, sagt zu gleicher Zeit, wo Sie herkommen, in welchem Hause Sie logiren, wie die Nummer Ihres Quartiers hier im Bade heißt u. s. w. Nach dieser Predigt trommelt er noch einige Minuten und macht nach Ihnen, oder in Entfernung Ihrer Person, nach Ihrem Zimmer zu, einige Verbeugungen. Kaum haben Sie ruhig Athem geschöpft, so erhalten Sie schon von Hr. Zimmermann einen Besuch, er präsentirt

sentirt Ihnen den Komödienzettel und empfiehlt sich Ihrem Wohlwollen. Immer wird er Sie die ganze Badezeit anlächeln, wenn Sie ihm Ihr Wohlwollen gleich zu erkennen geben, und Ihre Börse herausziehen; doch sieht er auch immer freundlich aus, wenn Sie dieses nicht thun.

Alle Tage beynahe ist Komödie. Die Truppe des jetzigen Direkteurs der Gesellschaft, gedachten Herrn Zimmermanns, war jetziges Jahr 15 Personen stark. Manche darunter spielen in der That recht leidlich. Freylich müßen Sie keine Hofschauspielergesellschaft erwarten. Sie geben, was sie können, und ich wünschte, daß sie wirklich manchmal weniger geben möchten. Den Hamlet, Makbeth, Galora von Venedig, den Adjutanten, und mehrere gute Stücke sollten Sie nicht so schänden. Solche Stücke sind für dieses Theater und diese Truppe nicht. Der Doktor Faust, der gehenkte Kasper und dergleichen, das ist so das, was sie sich beeifern sollte, gut zu executiren. Die meisten Stücke, welche sie geben, sind zwar wohl Bourlesquen, indeßen spielen sie doch auch öfters die besten Tragödien. Die Zeit, wenn die

Komödie angeht, ist unbestimmt. Man richtet sich zuweilen nach Fremden, oder nach denen, gemeiniglich gegen 5 Uhr, nach dem Bade kommenden, Herren Officieren, die in der Stadt Radeberg in Garnison stehen, und sonstigen Radeberger Einwohnern. Ihr Anfang wird durch einen dreyfachen Trommelschlag verkündiget. Sie können das ganze Spektakel bey einer Pfeife Taback aus Ihrem Quartier sehen. Wollen Sie es aber recht genau einnehmen, so laßen Sie sich einen Stuhl gleich vor das Theater setzen. Gemeiniglich ist der Anfang nachmittags gegen 5 Uhr. Alle Morgen wird der Zettel ausgegeben. Zuweilen ist auch sogenannte Nachtkomödie, in dem Saale oben im Walde, (sogenannten Kirchensaal) wie ich Ihnen schon gesagt. Diese nimmt ihren Anfang gegen 8 Uhr. Eine Aktrice sammelt bey ersterer in der Mitte des Stücks auf einem Teller von den Zuschauern Geld ein; ein jeder giebt nach Gefallen; Menschen der niedern Volksklaße geben wohl gar 3 pf., dahingegen bey letzterer die Entree bezahlet wird.

Die Komödie und dabey allemal vorfallende Conversation unter den Badegästen und Fremden, ist

ist seit einigen Jahren auch das einzige öffentliche Vergnügen.

Das Billardspiel liebt man eben so wenig als das Kegelschieben und Scheibenschießen, obschon für alle diese Vergnügungen hinlänglich gesorgt ist. Die Lebensart der meisten Badegäste ist kürzlich: Früh von 5 bis 9 Uhr wird gebadet. Jeder hat seine Stunde zum Baden, und beobachtet seine Lebensordnung. Gegen 10 Uhr versammeln sich gemeiniglich einige vor dem alten Badehause, beschließen eine Promenade, entweder noch vor Tische, oder auch wohl für den Nachmittag. Die Damens gesellen sich, nach gemachter Toilette, denn das thun sie nun einmal nicht anders, ob gleich die Herrens in ihren Ueberröcken und Negligee erscheinen, dazu. Man scherzt, und ich habe zuweilen die Morgenstunden recht vergnügt da zugebracht. Man hat gewiße Tage zu festgesetzten Morgenpromenaden, als z. B. Dienstags und Freytags geht man nach dem Dorfe Liegau in die Buttermilch, einen andern Tag nach Radeberg, einen andern nach Wachau, wieder einen andern den Leppersdorfer Weg nach Friedrichsthal, ein

sehr

sehr angenehmes Landguth des Herrn Generalmajors von Fröden.

Der Weg nach Liegau ist der ebenste und daher der bequemste. Er geht im Grunde hin, und zur rechten Hand über eine kleine Aue liegt ein majestätischer Tannenwald. Das Zwitschern der Vögel, welche in dem Walde zur linken Hand, weil in diesem viel niedriges Buschholz wächset, hausen, erreget neben dem Contrast der Waldungen selbst, bey gefühlvollem Herzen eine der angenehmsten Stimmungen. Dort hüpft ein Eichhorn; hier fährt schnell vor dem zurückbebenden Fuße eine Waßermaus — und dort tief am sumpfigten Fuße des Berges glänzt im hohen Grase bey spielenden Sonnenstralen, in abwechselnden blauen, goldnen und silbernen Farben, eine Schlange. — O weh! hör' ich Ihre Gattin rufen — eine Schlange? — Ja, Freund! es finden sich hier und da in diesem Tannengrunde kleine Schlangen: doch habe ich nie gehört, daß in dieser Gegend auch nur der kleinste Schaden von ihrer Existenz entstanden wäre.

Nach Verlauf einer Viertelstunde öfnet sich dem Auge eine vortrefliche Gegend. Voll Bewunderung steht man hier und heftet den Blick in der fruchtbarsten Aue auf das Rittergut Liegau. Man sieht die Räder, einen ziemlich breiten Fluß, das lachende Thal sanft herunter wallen, und noch einige Schritte vorwärts, so gleitet sie unter Erlen- und Weidengesträuch ganz nahe an einem vorbey. Der Weg nach dem herrschaftlichen Wirthschaftsgebäude, wo man Buttermilch an diesen Ihnen schon genannten Tagen bekommt, geht an der Räder fort, und in ohngefehr 50 Schritten von der Brücke, welche über die Räder geschlagen ist, angerechnet, ist man da. Berg und Thal stehen hier in der angenehmsten Schattirung, und führen einen auf die Idee des von den Dichtern so glücklich gepriesenen Hirtenlebens. Die Gebäude des Ritterguths Liegau sind von Grund aus neu, und ohngeachtet der Erbauer, der Graf v. Wallwitz, sie aus weisen Absichten nicht nahe an einander gebauet hat, so ist doch die Hofröthe vollkommen geschloßen. Man kann die durchgängig herschende zweckmäßige Einrichtung nicht genug bewundern. Ein eigentliches Herrnhaus suchen Sie vergeblich. Die erste Etage des großen Wirthschaftshauses hat gegen ein Dutzend niedliche und mit einfachen Mahlereyen ziemlich gleich und nur mit verschiedenen Farben verzierte Zimmer; in einem Theile des Parterres befindet sich die Küche und Domestiquenzimmer, dergestalt, daß für eine Herrschaft alles zu einer bequemen Wohnung eingerichtet ist. Bey der zu dem schönen Vorsaale führenden Treppe entstehet der Wunsch, sie beßer angebracht zu sehen. Dies wäre auch der einzige. Indeßen bin ich fest überzeugt, daß man diese Treppe gewiß nicht ohne eine besondere Absicht just so, wie sie ist, gebauet hat. Beobachten Sie nur, ob ich nicht Recht habe? — Ich denke, man führte sie deshalb so steil und ziemlich in der Mitte herauf, (und verdarb dadurch gewißermaßen den schönen Vorsaal) damit bey entstehender Feuersgefahr auf einmal aus allen Zimmern die Meublen und Vorräthe schleunig hinunter gebracht werden könnten. (Doch dieß in Parenthese.)

Das Innre dieser Zimmer ist anziehend. Uberall herscht eine edle Simplicität, die bey den feinern Denkern allemal größere Eindrücke zurück läßt, als Pracht und Verschwendung. Die Aussicht von diesen Zimmern nach dem Walde zu ist

ganz

ganz vortreflich. Alles, was Ihr Auge erblickt, ist schöne kunstlose Natur. Erforschen Sie die Einrichtung der Oekonomie, so finden Sie überall Spuren einer unverbeßerlichen Industrie, und sehen, wie aus dem kleinsten Dinge Nutzen gezogen werden kann. Noch laßen Sie Ihrer Beobachtung das in dem einen Fruchtgarten befindliche Berg- und Lusthäuschen nicht entgehen. Hier in diesem Häuschen rathe ich Ihnen zuweilen frische Milch zu essen. Mir wenigstens hat hier eine frische Milch vorzüglich geschmeckt, man ist so in der Mitte des patriarchalischen Lebens, das blöckende Rind im Hofe, Hüner und Gänse, alt und jung so nahe bey sich — das Gackern — das Schnattern — das Pipen — — Kurz, Freund! ich wette, Sie sind hier an Ihrem Orte!

Der Weg nach Radeberg ist, von Bade aus, sehr von diesem nach Liegau verschieden. Sie haben ein paar hundert Schritte kleine Erhöhungen zu steigen, ehe Sie auf ebene Gefilde kommen; diese etwas stärkere Bewegung, ist zur Badekur sehr paßend, und keinesweges für den Körper allzubeschwerlich. Aber welche Aussicht! wenn Sie die Stadt erblicken? Hier bleiben Sie stehen, und Ihr Auge weilt bedächtig auf den tausend mahlerischen Parthien. Ruhig liegt nahe vor Ihnen das Dorf Loßdorf, welches sich in das Thal nach Liegau herunter zieht — und etwas weiter hin Radeberg. In tiefer Ferne, sowohl in grader Linie als links und rechts stellen sich Ihrem Auge noch einige Landschaften dar, worunter sich vorzüglich das alte Schloß der Stadt Stolpen auszeichnet. Wohin nur Ihr Blick sich wendet, finden Sie volle herliche Naturszenen.

Die Stadt Radeberg selbst hat 223 bewohnte Häuser, und gegen 949 Personen über 10 Jahr alt unter Rathsjurisdiktion, 26 Häuser und 139 Personen gleiches Alters auf den Amtsburglehn — daher 1088 Personen über 10 Jahr alt exclusive der Garnison. Im Jahr 1741 brannte dieser Ort beynahe ganz ab. Die Häuser besonders am Markte, sind daher ziemlich modern gebauet. Der stärkste Nahrungszweig der Stadt ist die Fabrique seidner Bänder, und die Stühle der Herren Rumpelte, Hempel, Sontag sind werth von Ihnen betrachtet zu werden. Schade, daß die

Indu-

Industrie der meisten Fabrikanten, durch Mangel an eigenem Verlage geschwächt wird. Die meisten arbeiten auf Rechnung 2 oder 3 Hauptverleger, und verdienen ihr Brod kümmerlich. Da sie nun nur nach Broderwerb arbeiten, verlöscht das Flämmchen Speculationsgeist unter dem Drucke so vieler Nahrungssorgen. Ich bin von der Geschicklichkeit der meisten überzeugt, daß sie unter andern Umständen ungleich feinere und schönere Fabrikate hervorbringen würden, denn schon jetzt wird auf mehrern Stühlen das feine französische sogenannte Glaceband so nachgeahmt, daß nur Sachverständige den Unterschied in der Appretur bemerken. Könnte der arme Fabrikant seinen geschickten Sohn nur einige Jahre in einem fremden Lande unterstützen, und fände hierzu Hülfsquellen, wie bereichert von neuen Kunstgriffen, in seinem Metier, würde er zurückkehren, und mit welcher Geschicklichkeit würde er dem etwanigen Mangel abzuhelfen wißen — den Flor der Fabrique erhöhen, und unter seinen Mitbürgern mehr Wohlstand verbreiten. Jetzt arbeitet der Mann voll Fleiß und Kopf für sein Metier um ein kümmerliches Lohn, und giebt ihm ein

Haupt-

Hauptverleger keine Arbeit, so steht sein Stuhl stille, und er hat kein Brod.

Sie finden in dieser Stadt übrigens nichts Merkwürdiges, und um zuweilen eine Promenade dahin zu machen, und sich irgendwo einige Zeit aufhalten zu können, ist nöthig, daß Sie Bekanntschaften mit dem hier in Garnison liegenden Herrn Officieren des von Sackenschen Dragonerregiments, oder dem Herrn Amtmann (welches ein sehr gastfreyer Mann ist) zu machen suchen. Es ist zwar ein ziemlich guter Gasthof da; aber mehr als einmal werden Sie diesen wohl schwerlich besuchen. Das Amt befindet sich vor der Stadt auf dem Schloße, welches sehr hoch liegt, man hat daher hier eine vortrefliche Aussicht. Die um das Schloß, oder vielmehr die Burg, herum liegenden Häuser und 3 Mühlen gehören nicht zur Stadt und liegen außer der Consumtionsaccise, ohngeachtet man sie als Vorstadt betrachten kann; Sie heißen Amtsburglehn. Wann Sie bey'm Schloße vorbeygehen, nach der sogenannten Schloßmühle zu, finden Sie am Räderfluß hinauf in einer blumigten Aue eine sehr angenehme Promenade.

Eine

Eine Viertelstunde ohngefehr von der Schloßmühle treffen Sie auf dieser Promenade einen ziemlich hohen Felsen an, worunter einige Rasenbänke angebracht sind. Dieser Platz hat etwas eremitisches und ehrwürdiges. Nur erst seit wenig Jahren wurde er bemerkbarer, und zwar durch den Tod einer alten Frau, welche von dem Städtchen Pulsnitz her, sich im tiefen Schnee verirret hatte und diesen Felsen herunterstürzte. Der Besitzer des Orts, ein Müller, Namens Senf, machte an dem Felsen, nach seiner Art, einige Attribute des Todes, Todtenkopf, Kreuz ꝛc. und verewigte den Tod dieser Unglücklichen durch einige selbst gemachte Stanzen Verse. Sie sind wirklich naiv, und ich kann mich nicht enthalten sie Ihnen abzuschreiben.

Denken Sie sich eine alte Bauerfrau, wie sie bey finstrer Nacht in tiefem Schnee angstvoll und halb erstarrt hinwadet, diesen Felsen hinunterstürzt und ihr Grab findet, und sagen Sie, ob die Verse des Müller Senfs, in ihrer Art, nicht epigrammatisch, nervös und naiv sind — der Dichter sagt:

   Die finstre Nacht
   hat mich hergebracht;

Ich kam in Noth —
Und fiel zu todt.

In der dritten Stanze: ich kam in Noth — liegt wirklich viel; man sieht das arme alte Weib in voller Arbeit, wie sie zuweilen tief in den Schnee sinkt, und sich wieder heraus hebt u. s. f. —

Ein gewißer Herr Hauptmann Daverko hat sich auch durch einige Verse verewigt. *) Ein gleiches hat der Herr Generalmajor von Fröden, welcher nicht weit von diesem Orte ein Landguth besitzt, wovon ich Ihnen noch sagen werde, gethan:

Ist das ernste Bild des Todes,
Die ein furchtbar Bild?
Schützet dich vor s'nem Grauen
Nicht der Unschuld Schild?
O! so weile nicht an diesem Orte,
Was er dir verspricht,
Du wirst Kühlung finden,
Aber Ruhe nicht;
Doch wenn innre Seelenruhe
Dir der Schöpfung stille Pracht
Auch am rauhen Felsen reizend
Flur und Hain zum Tempel macht,
O sey willkommen. Diese Einsamkeit
Ist, wer du auch seyst,
Ist auch dir geweyht.   Daverko.

than. *) Wollen Sie Ihren Weg noch weiter machen, so kommen Sie auf die sogenannte Hüttersmühle — und überall finden Sie die schönsten Parthien.

Eine dritte Promenade vom Bade aus ist, die auf'm Leppersdorfer Wege, bey der neuen Quelle vorbey. Dieser ganze Weg, welcher sie auf das von Fröbensche Landguth, Friedrichsthal genannt, führt hat wieder ganz eigne Schönheiten. Der Wald, der Sie anfangs umgiebt, ist nicht jener finstre ehrwürdige Wald, der rund herum das Bad einschließt, sondern bestehet größtentheils aus lachenden Birken, Erlen, Buchen und niedrigen Buschholz.

* Wenn Wandrer hier in feyerlicher Stille
Dein Geist sich über seine Hülle
Und über Grab und Welten schwingt,
Wenn frey von bangem Todesschauer,
Versichert seiner ew'gen Dauer,
Dein Blick zu höhern Szenen bringt;
Dann fühle, so wie ich, dein Herz die Freundschaftstriebe
Für den, der diesen Ort dem stillen Ernst geweiht,
Verehr' in Daverko, so Geist als Menschenliebe,
Religion und Tapferkeit.
      J. F. B. v. Fr.

Holze. Befinden Sie sich nun ganz auf der Ebene, so liegt eine der schönsten Auen vor Ihren Augen, hier gehen Sie fort, und kommen endlich nach Friedrichsthal. Dieses Guth, welches eigentlich nur ein Bauernguth ist, liegt dicht am Walde, der Hr. Gen. Maj. v. Fröden, jetziger Besitzer, hat es aber sehr verschönert; Aeußeres und Inneres ist niedlich, und alle Parthien im Umkreiß deßelben, sind äußerst romantisch — vorzüglich schön ist eine Esplanate und eine breite Aue nach dem Walde zu.

Es ist zu beklagen, daß man hier weiter keine Erfrischungen als allenfalls Milch haben kann. Die Stadt Radeberg liegt eine kleine Viertelstunde von Friedrichsthal, und das Bad so ziemlich eine halbe Stunde.

Noch ein angenehmer Spatziergang ist nach dem Dorfe Wachau. Man geht dahin auf dem großen Fahrwege, und dann rechts ab, in der schönsten Ebene fort. Das Dorf mit seinem schönen Rittersitze liegt gleich vor Augen. Die eigene Lage dieses Dorfs, denn weder Berg noch Thal umgiebt es, sondern es liegt frey, mitten in fruchtbaren

baren Gefilde gewährt dem Auge einen neuen unerwarteten Anblick. Die Gegend hat hier etwas ähnliches von der um Leipzig nach Schönfeld zu. Selten trift man ein Dorf an, das so ein reinliches Ansehen hat. Der Rittersitz, deßen Gebäude ganz im modernen Geschmack aufgeführt sind, ist mit einem Wall umgeben, und verdient sowohl von den äußern als innern Seiten betrachtet zu werden. Man pflegt in diesem Dorfe zuweilen Milch zu genießen, auch wird hier gutes Bier gebrauet. Eine kleine halbe Stunde gehet man vom Bade aus sehr bequem dahin.

Daß diese Ihnen hier genannte vier Promenaden in ihren Abwechselungen sehr verschieden sind, wird Ihnen aus meinen Erzählungen einleuchten. Einer der aller vorzüglichsten Spatziergänge, außer diesen bemerkten, ist und bleibt jedoch der nach dem Seyfersdorfer Thale. Uiber dieses durch Natur und Kunst so verherlichte Thal aber behalte ich mir vor Ihnen einen besondern Brief zu schreiben, denn es ist in jeder Betrachtung der genauesten Aufmerksamkeit jedes Gefühlvollen werth. Ich bin ꝛc.

E   Neunter

Neunter Brief.

Das Thal bey Seyfersdorf.

Dresden, den 30 Septbr. 1789.

Mein bester Freund!

Sie erinnern Sich aus meinem vorigen, der Beschreibung einer Promenade, vom Bade aus, nach Liegau. Dieser nehmliche Weg führt Sie nach dem Seyfersdorfer Thale. Von der Liegauer Schenke an gehen Sie immer am Räderflusse in der herrlichsten Aue hin. An der sogenannten Lochmühle ist der Anfang des schönsten Theils des Thales, und geht bis zu der nach dem Dorfe Seyfersdorf gehörigen Brethmühle. Blumige Wiesen, schön angebauete Felder, und zur rechten und linken Hand Wald, worinnen alle Gattungen einheimischer Hölzer, machen den Weg von der Lochmühle an bis zum Tempel:

dem Andenken guter Menschen —

schon äußerst interessant: dieser Tempel ist im griechischen Styl errichtet, und steht auf einer Wiese, welche eingefaßt mit Erlenbäumen, und

durch

durch einen kleinen Garten im englischen Geschmack verziert, die Seele zu angenehmen Empfindungen einladet. In dem Innern des Tempels sind mannigfaltige Hieroglyphen angebracht, deren Schlüßel nur vertraute Freunde von der Gräfl. Brühlschen Familie haben. (Daß das Ritterguth Seyfersdorf, den Gr. Moriz Brühl gehört ist Ihnen bekannt, und ich habe Ihnen weiter nichts zu sagen, als daß alle in diesem Thale angebrachten Parthien und Verschönerungen seine und seiner Gemahlin Werke sind.) Nicht weit von diesem Tempel theilt sich der Weg; um keine von der Natur und Kunst gemachte Anlage zu übersehen, wandern Sie den Weg linker Hand an der Räder fort. Sie gehen nunmehro im Schatten der Buchen, Erlen, Birken und mehrerer einheimischen Bäume, und kaum haben Sie zwölf Schritte gethan, so werden Sie von einer angenehmen Szene überrascht. Ihnen alles ausführlich zu beschreiben, würde mich zu sehr von meinem Zweck entfernen, und Ihnen weniger zu betrachten übrig laßen. Ich werde Ihnen daher die vorkommenden Stücke der Kunst nur kürzlich angeben, und Sie auf die vorzüglichsten derselben

auf-

aufmerksam machen. Damit Sie aber alles finden, so folgen Sie den Weg, welchen ich Ihnen vorzeichne. Also jetzt gehen wir am Fluße fort — und Sie finden

Eine Urne mit einem Schmetterling;
der Ahndung künftiger Bestimmung
gewidmet. *)

Moosbänke umgeben sie, von der einen man die Gegend erblickt, welche die Idee von Elysium der Einbildungskraft darstellet. Weiter hin eine majestätische Linde

der Ruhe gewidmet,

woran ein Medaillon, der in einem Kleeblatt 3 Schattenrisse enthält, angebracht. Die unter dieser Linde angelegten Mooscanapees laden zur angenehm-

---

* Um diesen Briefen einiges Interesse mehr zu geben, ertheilt mir einer meiner liebsten Freunde den Rath den schönsten Theil der Innschriften bey den meisten Szenen in Noten anzumerken; das an dieser Urne befindliche Motto ist dann folgendes:

Ich bin, und preise dich, mein Gott! ich breche wirklich durch die körperliche Hülle hin, — ich bedarf weiter nichts, um den Zustand einer vollkommenen Glückseligkeit zu begreifen.

nehmsten Ruhe ein: vorzüglich aber dem Medaillon gegen über, in einem Erlenbosquet, ein Sessel von Moos,

   der Freundschaft bestimmt,
die sich über das Glück der Besitzer freut, denn die 3 Schattenriße sind der Graf, die Gräfin und der junge Graf Brühl. *) Immer auf diesem Wege rechts fort

   der Altar der Vergänglichkeit; **)
weiter hin,

   der Altar der Wahrheit
von welchem sich eine schöne Aussicht nach einer majestätischen Eiche auf dem Felsen:

   Hermann gewidmet
eröfnet.

 Linker Hand bey dem Flusse ist wieder eine Moosbank, worüber Innschriften. Von da an, gehen

---

* Das Motto an dem Medaillon:
 Hier fände selbst ein König Ruhe, wenn er
  wie wir voll Liebe wär!

** Motto an diesem Altare:
 Sterblich sind wir, und sterblich sind alle unsere Wünsche — Leid und Freud, sie gehn, oder wie gehn vorüber.

gehen Sie über die Brücke und finden eine Wiese, welche Petrach und Lauren gewidmet ist, worauf

Petrarchs Hütte,

dabey ein, durch die Wiese sich hinschlängelndes, Quellwaßer — die Quelle von Vaucluse darstellend; eine abgebrochene Säule mit Epheu umwunden trägt

Laurens Medaillon und Namen.

Von dieser Säule immer dem Fluße folgend fort, treffen Sie

das Monument des Prinzen Leopold.*)

Ein großer steinerner Sarcophage — die Geschichte seines unglücklichen Todes en Basrelief gebildet. Oben auf steht eine Urne mit seinem Bilde en Medaillon; antike Festons bekränzen Medaillon und Urne. Das ganze steht nahe an einem Wehr mit Weidenstämmen und Erlen umgeben. Von da linker Hand führt Sie der Weg zu einer Bank,

dem

* Innschrift:
Der Adler besuchet die Erde
doch säumt er nicht — schüttelt
vom Flügel den Staub, und
kehrt zur Sonne zurück. —

dem jungen Grafen zu seinem Geburtstage geweiht.

Felsstücke thürmen sich an einer alten Elche hinauf worauf eine Platte mit Innschrift. *) Nun gehen Sie wieder nach dem Flusse zu, und an dessen Ufer bis zu einer steinernen Brücke. Uiber diese Brücke gehen Sie, bey der Mühle vorbey; hier stellen sich schon größere Szenen der Natur dem Auge dar — und die das Thal umschließende Berge und Felsen erheben ihre Häupter kühner, und ihr Ansehn ist ehrwürdiger.

* Innschrift:

Willt, o Sohn! du das Meer des
 gefährlichen Lebens
froh durchschiffen, und froh landen
 im Hafen bereinst —
Laß, wenn Winde dir heucheln,
 dich nicht vom Stolze besiegen,

Laß, wenn Sturm dich ergreifet,
 nimmer dir rauben den Muth!
Männliche Tugend sey dein Ruder,
 der Anker die Hoffnung —
Wechselnd bringen sie dich, durch
 die Gefahren, ans Land.

Die Mühle selbst ist im Geschmack holländischer Häuser gemahlt. Thüren und Fenster gothisch.

Wenn man auf der Wiese längst der Räder fortgeht, so erblickt man zwey Brücken, eine zum Fahren, die andere, welche sehr hoch von einem Felsen zum andern geht, für die Fußgänger; geht man über die erstere, und hält sich linker Hand, so trift man an einen hohen Fels, von welchem sich Waßer herabstürzt, und eine natürliche Kaskade bildet, und man gelangt endlich an die Urne,

dem Andenken des Vaters der Gräfin Brühl gewidmet.

Sie scheint von schwarzem Marmor zu seyn, und ist mit einer Schlange umwunden. An dem Felsen, der einen Betaltar bildet, ist ein Kreutz von Birkenstämmen. Man hört von weitem den Waßerfall, und der ganze Platz stimmt den Geist zur stillen Melankolie. Die hier befindlichen Innschriften sind rührend und schön. *)

Von

*) 1ste Innschrift am Felsen:
Dein Leben, Mensch, ist eine Reise,
der Weg verführt, geh', lern',
sey weise.

2te

Von letzterer Brücke aber sehen Sie einen achteckigten Tempel

Moriz und den ländlichen Freuden gewidmet. *)

ganz rustique, die Säulen von Baumstämmen mit Tannzapfen umwunden; Festons von Stroh mit

2te Innschrift:
Thränen bring' ich dir und Dank
zum traurigen Todenopfer,
Bitt're rinnende Thränen — das
Letzte, was Liebe dir geben kann.

* 1ste Innschrift:
Zeugt, ihr friedlichen Gefilde,
von den Thaten seiner Milde,
Zeugt, ihr friedlichen Gefilde,
von der Tugend Glück.

2te Innschrift:
Selig, wer im Schooß der Freuden
oft an den Verlaßnen denkt;
Der auf heerdevollen Weiden
einen Blick den Armen schenkt.

3te Innschrift:
Seyd der Freude werth, ihr Frohen,
denkt, wenn ihr euch herzlich freut,
Daß Freuden stets vom Laster flohen
und daß ihr schwach und sterblich seyd;

mit Blättern von grüner Wachsleinewand, welche jede Witterung aushalten, nehmen sich umgemein gut aus. Der Tempel selbst steht auf einer lachenden Wiese an der die Räder sich vorbey schlängelt. In diesem Tempel geben der Graf und die Gräfin ihren Unterthanen öfters Feste, und gemeiniglich wird darinnen getanzt. Geht man durch den Tempel dicht an der Räder fort, so kömmt man an ein Brückchen mit einer niedlichen Lehne von Birkenstämmchen versehen. Schon jenseits dieses Brückchens erblickt man gerade gegen über in einem dunkeln Walde von schwarzem Holz

einen Sarcophage.

Der Fuß ist von rohem Felsen in welchem vier Platten angebracht sind. Der Sarcophage ist dem Andenken des verstorbenen und in der Geschichte Augusts des Zweyten so bekannten Premierministers Gr. v. Brühl gewidmet, und trägt die Innschrift: Manibus patris, *) Von hier gehen

* 1ste Innschrift:
Memorabili Oblite.

2te Innschrift:
Urit enim fulgore suo, qui praegravat artes
Infra se positas, extinctus amabitur idem.

3te

gehen Sie durch den dicken Wald, und laßen den Fluß linker Hand. Zu Ihrer Rechten thürmen sich hohe Felsen. Nun treffen Sie auf

den Tempel des Amors.

Er steht auf einer Erhöhung von Rasen. Die Säulen dieses Tempels sind mit Rosenquirlanten umwunden. Auch dieser Tempel ist mit einer schönen Innschrift versehen. *) Den nemlichen Weg geht man an hohen Felsen fort bis zu einer mit Birkenstämmchen verzierten Brücke. Wenn man über diese gegangen ist, erblickt das Auge die Bildsäule des Pans. Der ganze Platz um diese Statue her ist mit jungem Holze bepflanzt und ruft die Idee von Arkadien zurück. Ein Waßerfall verherrlichet,

3te Innschrift:
Grand par ses dignites, mais plus grand
par lui meme.

* Eine Sanduhr in jeglicher Hand
   erblick' ich den Amor. Wie? der
   leichtsinnige Gott?
doppelt mißt er die Zeit?
Langsam fließen aus der einen
die Stunden entfernten Geliebten —
die andre läuft schnell
den Gegenwärtigen ab. —

lichet, nebst der Aussicht auf eine schöne Wiese, diesen Ort noch mehr. Von hier gehen Sie wieder zurück und laßen den Fluß zur linken Hand. Ohngefehr nach hundert Schritten treffen Sie auf

die Hütte der Hirtin der Alpen. *)

Ihre Lage ist ungemein romantisch. Sie ist mit hohen Bäumen umgeben. Aus dem strohenen Dache wächset eine Buche heraus. Die Hütte ist von rohen Baumstämmen. Eine Treppe von wilden Steinen mit einer Lehne von etlichen Birkenstämmchen führt darzu. Das Innre ist mit Attributen des Hirtenlebens verziert, ganz nach der Fantasie des Marmontels. Der Buchstabe D. ist am Fuße eines darinnen befindlichen Altars von Immortel auf einem Medaillon von Holz befestiget. Das ganze Meublement scheint von der Hirtin eigner Hand verfertigt. Aus dem Fenster heraus erblickt man auf einem Rasenhügel die Urne ihres Geliebten — Pappeln umgeben sie — und hinter ihr ragt ein hoher Fels empor, deßen sich die Schweitz nicht schämen dürfte. Unten am Waßer ist

* Ulber der Thür stehet:
Cabane de la bergere des alpes

ist eine Moosbank und ohnweit derselben ein leichtes Hüttchen mit Schilf bedeckt, und von Fichten und Birkenstämmen zusammengesetzt. Uiberall lesenswerthe Innschriften. *) Nahe dabey immer den Weg zurück liegt bescheiden und ruhig

ein kleiner mit Laubholz umgebener Hain,

worinnen ein Altar, auf deßen einer Seite eine Leyer, und eine Hirtenflöte, auf der andern Seite aber der Buchstabe N. angebracht ist. Dieser Hain ist einem würdigen Freund des Brühlischen Hauses dem Capellmeister Naumann gewidmet. Ehe man zum Altar tritt zieht das Auge ein
rechter

* 1stes Motto:
Si la vie est un songe quel bonheur
de rever ici!

2tes Motto:
O tristesse i' est dans ton ecole
que la sagesse instruit les
mieux ses disciples.

3te Innschrift an einem Felsen:
O Einsamkeit, die ich voll Ehrfurcht grüße,
Komm hülle mich in deine Schatten ein,
Wenn ich in dir mich vor der Welt verschließe,
So leb' ich dann der Freundschaft nur allein.

rechter Hand befindliches Felsenstück an, worauf eine passende Innschrift steht.*) Von hier gelangt man auf einem schönen Wege, der auf einer Seite einen Theil des Thales, und auf der andern einen hohen mit ehrwürdigen Bäumen mannigfacher Art bewachsenen Berg zur Aussicht hat, zur Berghütte dem Pythagoras gewidmet.**)

Herders Büste

mit

* O laßt beym Klange süßer Lieder
uns lächelnd durch dies Leben gehn
und sinkt die letzte Nacht hernieder
mit diesem Lächeln stille stehn.

** Uiber der Thüre diese Innschrift:
Kein Sturm wird niedres Rohr verletzen,
Nur stolzen Eichen droht Gefahr.

Inwendig stehen unter andern Innschriften, folgende:
1ste
Wie leicht kann nicht ein Herz voll von
socratischen Lehren
Und in der Freyheit Arm, der Fürsten
Gunst entbehren.

2te
Im Schooße der Natur, befolge
Platos Lehren
Und mehr als Kronenglück
wird dir dein Herz gewähren.

mit seiner von ihm selbst verfertigten Innschrift *) ist bemerkungswerth. Die Hütte des Phythagoras ist mit Stroh bedeckt, und ihre Bauart ländlich. In dieser Hütte wohnt ein Diener des Grafen, welcher die Instruktion hat, Fremden alle Bequemlichkeiten in dem Thale zu verschaffen. Man kann sich daher in selbiger einige Zeit aufhalten, und Erfrischungen, die man aber, auser Milch und allenfalls Bier, mitbringen muß, genießen. Das Innre derselben ist ländlich decoriret, und das ganze Meublement analogue. Aus einem Fenster des Seitencabinets hat man die herrlichste Aussicht. Vor der Hütte ist ein Blumengärtchen, mit einem hohen Springbrunnen, und hinter derselben,

der

* Des Menschen Leben beschränkt
   ein enger Raum,
  ein engrer beschränkt seinen Sinn
   sein Herz der engste.
  Um sich her zu sehen, zu ordnen,
   was man kann,
  Unschuldig zu genießen, was uns
   die Vorsicht gönnt,
Das ist des Menschen Lebensgeschichte,
  Nicht jedem, es ist Gefül.

der Tempel der Wohlthätigkeit *)
von Fichtenstämmgen zusammen gesetzt. Das
Dach ist von Schilf. In der Mitte steht ein Altar worauf eine Armenbüchse. Die Innschriften
laden zur Wohlthätigkeit ein, und ich bin gewiß,
daß auch Sie in diese Büchse einige Groschen fallen laßen. Weiter hin, den Berg hinauf, bilden große Felsenstücke eine Art von Grotte.
Moosbänke umgeben sie. Uiber der Grotte selbst
ist eine Innschrift. **) Der Weg an der Quelle
vorbey führt den Berg hinunter zu einem an der
Straße gelegenen

Ober

* Uiber der Thüre steht:
> Für alle schuf der Herr die Güter
> dieser Erden,
> Für alle die da sind, und noch gebohren
> werden.

Inwendig unter andern, die bekannten Jacobischen
Strophen:
> Wenn in glänzenden Pallästen ꝛc.

** Schöpfe schweigend — nur dem stillen Genuß
ström' ich erquickenden Trank.

Obelisk. *)

Er ist im Namen der Unterthanen am Geburts-
fest des Grafen gesetzt — steht mitten im Korn-
feld

* Die Innschrift an den Obelisk:

1.

Heil Ihm, der gütig an uns denkt
wie Vater an den Sohn,
der Liebe uns, und Freude schenkt —
Dank Ihn, und Gottes Lohn.

2.

Wohl uns des Grafen, den wir han,
Er ist gut Herr und braver Mann,
Wir treten kek zu ihm heran,
Denn er hat keinen Stachel.

3.

Groß ist er durch sein Ahnenheer,
Doch ist er's durch sich selbst noch mehr.
Verstand und Tugend hält er höh'r
Als Scepter, Rang und Tittel.

4.

Er liebt sein Weib und Kind gar sehr,
Ist fromm und gut, wie keiner mehr,
Bricht jedem Hungrigen sein Brod,
Fühlt fremdes Sehnen — fremde Noth.

feld auf einem Hügel; Erndtekränze, Sensen, und andere Attribute zieren ihn. Geht man über die steinerne Brücke wieder nach der Mühle zu, und hält sich rechter Hand, so erblickt man eine schöne Eiche, worunter

eine Moosbank

mit einer Innschrift ist. *) Setzt man sich hin, so stellt sich linker Hand dem Auge auf einem blumigen Amphitheater

der Tempel der Musen

dar, in deßen Mitte Wielands Büste steht. Dieser Tempel nimmt sich in der Ferne vorzüglich gut aus, und in der Nähe betrachtet man den großen Wieland mit Ehrfurcht. Von dem Tempel der Musen gelangt man in einen Hain der

ernsthaften Szenen

geweiht

*) Die Bahn des mühevollen Lebens
Geh', o Wanderer! schweigend hin,
Die Zeit verstreicht auch schweigend.
Geh' du ihren leisen Gang,
und lebe stille — verborgen.

geweiht ist. Dieser Hain ist an sich schon feyerlich; Man hat aber nicht unterlaßen der Fantasie der Seele, durch Anlegung verschiedener schauerlichen Plätze, und ihren beygefügten Mottes, auf eine kunstlose Art, noch mehr Nahrung zu geben. So finden Sie z. B. linker Hand auf einer kleinen Halbinsel, wozu ein Brückchen mit Lehnen führt, einen Bethstuhl von einem Lindenstamme; eine dürre Buche steht dicht dahinter — an derselben ist ein Kreutz und ein Todtenkopf; ein Buch liegt auf dem Bethstuhl aufgeschlagen, worauf verschiedene Embleme des Todes gemahlt, und vorzüglich mit großen Buchstaben die Worte stehen:

Gedenke des Todes.

Dem Bethstuhl gegen über ist vor einem dunkeln Orte des Waldes eine Bank mit einer Tafel, deren Innschrift sich auf den Anblick, den man hier vor sich hat, beziehet. *) Weiter hin eine Hütte,

F 2 der

* Mensch, du fürchtest den Tod und bist
  ja lebend im Tode?
  Fliehst die Schatten und trägst mit
  dir der Schatten Gebieth

Deinen

der Einsamkeit gewidmet. *)
Sie ist mit Fichtenstangen zusammen gesetzt, und mit Schilf gedeckt, welches durch sein tiefes Herabhängen dem Ganzen ein melancholisches Ansehn giebt. An der Hütte befinden sich zwey Kränze, einer von Rosen, der andere von Dornen. Innwendig ist eine Moosbank und zwey Tische von rohen Lindenstämmen. Der Hütte gegen über steht wieder eine Moosbank mit der Innschrift:
Reiche deinen Freudenbecher, holde Einsamkeit, jedem deiner Freunde, so oft er diese Szene betritt.

Nun Deinen Körper. Entflohen dem Kerker quälender Schatten —
Lebt einst auf dein Geist mit der Unsterblichkeit frey.

* Einen Becher der Freuden hat in der Rechten —
der Linken einen wüthenden Dolch
die Einsamkeit. Reicht dem Beglückten
ihren Becher — dem Leidenden reicht sie
den wüthenden Dolch hin.

Nun kommen Sie an den Tempel
zum guten Moriz.

Die Form des Tempels ist rund. Thüre und Fenster im gothischen Geschmack — eben so ist das Innere mit Bildern, welche eine kurze Lebensgeschichte des Grafens vorstellen, ausgemahlt. Die über der Thüre befindlichen Verse *) beziehen sich auf die Bilder und sind sehr naiv; beydes karakterisirt den Grafen sehr richtig, und gewährt eine angenehme Unterhaltung. Noch bemerken Sie Unker Hand am Steige, wenn Sie von hier aus weiter fortgehen, einen Lindenstamm mit einer Lehne von Birkenholz. Und nun kommen Sie wieder an den Tempel,

zum Andenken guter Menschen,

und wandeln den ersten Weg, der Sie hierher führte, wieder nach dem Bade zu.

In der festen Uiberzeugung, daß ich Ihnen durch die, leider der Kürze wegen, etwas zu flüchtige

* Man vergesse ja nicht die Verse über der Thüre inwendig zu lesen.
A. d. H.

tige Beschreibung dieses Thales, keinen unwichtigen Dienst erwiesen, schließe ich den demohngeachtet lang gerathenen Brief. Es bleibt mir nichts zu wünschen übrig, als Sie bald persönlich in dieses herliche Thal begleiten zu können.

Befriedigen Sie ja bald diesen Wunsch
Ihres

&c. &c.

Nachschrift.

Wenn Sie vom Bade aus ein paarmal spazieren fahren wollen, so haben Sie Gelegenheit in Radeberg um billiges Lohn eine ziemlich gute Equipage zu bekommen; und da bringe ich Ihnen deren vorzüglich drey Parthien in Vorschlag; eine nach Hermsdorf, eine der Frau Gräfin von Hoym gehörigen Ritterguthe, woselbst ein sehr sehenswerther Garten ist; eine in den Gräfl. Coselschen Garten nach Oberlichtenau — und endlich eine auf den Keulenberg. Alles etwa noch übrige mündlich.

&c. &c.